極簡新世代

從「自我擴張」到「自我肯定」的日本消費、社會與城市新趨勢

三浦展——著

陶小軍、張永亮——譯

前言

我的工作是分析社會、消費和城市的動向。在過去三十多年間，我為了分析這些動向，創造出很多關鍵字（Keywords）和複合詞，都寫在了我的書裡。

我寫過不少書，全都讀過的人應該不多。我碰見不少人跟我說：我已經儘可能去讀三浦先生您的書了，但還是跟不上啊。而在我的這些書中出現的關鍵字，有很多人是不知道的。

在這些關鍵字中，有許多詞彙到現在也適用，並能發揮作用。不，應該說有些關鍵字只有現在才能使用。因為我所謂的關鍵字都帶有前瞻性，更普遍的說法是帶有預言性，因為它可以預測時代。所以現在讀來，常讓人覺得恰好能看懂。

本書從這些關鍵字中挑選過去十年到十五年受到好評的詞彙集合成冊，包括讓人叫好的關鍵字、令人恍然大悟的片語等。另外，本書還加入了一些第一次提出的新詞彙。

另外，本書不光收錄了我創造的關鍵字，還對我個人關注的一些關鍵字進行了解讀。此外，本書還收錄了自二〇一五年春天至今ＮＨＫ廣播公司在節目《社會的看法．我的觀點》中提到的一些詞彙。常聽廣播的各位也請務必一讀此書。

我暫且將關鍵字按照「消費」、「世代」、「少子高齡化」、「家庭」、「城市」這個分類進行整理。雖然是根據主題進行整理，但大家也可以從自己喜歡的地方開始閱讀。

當一個關鍵字和另一個關鍵字有所關連的時，為了便於理解這種關連，我會以（**↓黑體**）的形式來引導。

另外，對於沒有單獨列出卻又非常重要的關鍵字，也會用**黑體**表示。我還列出了與關鍵字相關的參考文獻。大家可以藉由閱讀參考文獻，進一步加深對關鍵字的理解。

通覽全書，大家能夠強烈感受到時代的逆轉。曾經認為好的東西現在變得沒那麼好，曾經認為不好的東西現在又變好了；新事物變得陳舊，舊事物又煥發出新的魅力。現在似乎到處都在發生這種逆轉現象。而且，我覺得這種微小卻有意義的變化大多是互有關連的，它正在孕育著新的社會和新的生活。

這本書不僅是針對商業人士而寫，還想寫給那些關心年輕世代、家庭、城市的當下和未來的人，以及關心全世界的人，希望各位讀起來會覺得輕鬆又有意思。我想本書有些內容，對於學生和初出社會者對事物的看法特別有助益。祝大家閱讀愉快。

CONTENTS

1 消費行為的變化

2 具有新意識的世代

3 少子高齡化社會的兩性與家庭

4 該如何改變都市和街區

1
消費行為的變化

從「快樂」到「高興」

我認為經濟景氣絕不僅僅是錢的問題。日語中景氣的「景」是光景的「景」，只有「銷售業績上漲、工資提高」，並不等於「景氣轉好」。所謂景氣轉好，應該意味著每個人的「光景」都有所好轉，不是嗎？

我認為，經濟景氣不可或缺的要素就是，無論老年人還是單親媽媽，都活得很快樂。這也將成為今後經濟景氣的指標。

日本泡沫經濟的時代就是如此，人們即使有錢也會感到孤獨寂寞。具有象徵性的是，奧姆真理教[1]的幹部們同時也是日本泡沫經濟時代的一代人。

媒體在解說日本泡沫經濟的時候，總是會放映「茱麗安娜ＴＯＫＹＯ」[2]的畫面，而另一方面，很多人卻因為地價飛漲、買不了房而感到苦惱，有許多人適應不了這樣的消費社會。

人們基本上會把錢花在他們認為有意義的事情上。所以，只有當他們遇到和以前不同的事情，覺得「這樣做會高興」時，才會捨得花錢。

如今，人們都在思考如何在不花錢的情況下獲得幸福。例如，不再籌錢還房貸，而是用低價買入二手房並進行**翻新**（Renovation）；或者減少外食次數，邀朋友各自帶著食物到家裡，等等。甚至還有個城市規劃案例是為陌生人建造一條街，讓他們帶上彼此的食物一起享用（**↓新鄰里關係**）。

看一下這樣做的人的表情，就會發現他們充滿了開朗的氣息。然而，那些今後要面臨行業萎縮的人，就無法打起精神了。

我們有必要去考慮現在什麼會讓消費者高興。而且，重要的是要去思考「快樂」和「高興」之間的區別。這兩個詞彙很相似，但是感覺稍有不同。例如說，「今天遇到三浦先生很快樂」和「今天遇到三浦先生很高興」，這兩句話就稍有

❶ 日本新興宗教組織，曾釀成「東京地鐵沙林毒氣事件」，造成多人死亡。

❷ 在九〇年代日本泡沫經濟時期轟動一時的迪斯可舞廳。

不同。

快樂肯定是說，一起去了一家好店、吃了好吃的東西，或是聊得很起勁之類；而高興則是說，餐廳和飯菜當然都很好，但更好的是能夠相見的心情，僅此就提高了對三浦這個人的關心程度。所以，如果有人對我說「今天能遇到三浦先生很高興」，我也會更高興的。

在日本泡沫經濟時代，有很多令人快樂的事情，但是有沒有很多令人高興的事情，我就不知道了。近年來，經濟愈來愈不景氣，令人快樂的事情可能也所剩不多。但是我想，正因為如此，人們才會不斷地去尋找令人高興的事情。

第四消費

回顧過去一百多年來日本消費社會的歷史，我認為現在的日本處於第四階段。

第一消費社會是從大正到昭和時代。現代中產階級的生活方式的原型就建立在這個時期：白領階級在市中心上班，住在郊區，去主要車站的百貨公司買東西，要休息就去沿線的遊樂園逛逛。

第二消費社會始於「二戰」後，是在這些中產階級的生活一下子變得大眾化之後形成的社會。基於大量製造和大量消費的原理，消費者買東西的時候不特意追求商品是否有個性，也不講究設計。這個時期，大家只要和鄰居有同樣的東西就好了。

一個普遍的情況是把東西愈換愈大（**↓從自我擴張感到自我肯定感**）。例如，最初買的車是速霸陸360，接著是豐田大眾，然後是卡羅拉、可樂娜、皇冠，最後換成了賓士；電視從最初的十四吋，漸漸換成了二十一吋、二十八吋。這個時期，經濟正在成長中，基本工資也提高了兩成，還會定期加薪，並且愈來愈高，所以東西當然會愈換愈大。

第二消費社會的另一個特徵是以家庭為中心進行消費。隨著核心家庭化的演進，年輕的家庭在隨著孩子成長替換物品時，必然會將汽車和房子愈換愈大。這樣就導致了經濟的螺旋式增長。

但是，從二十世紀七〇年代後半葉開始，日本變成了第三消費社會，這對一致性的消費行為有很大的衝擊。愈來愈多人開始嘗試更有個性的消費。

另外，在第二消費社會時期，每家都有一臺家電和一輛汽車，並認為這是理所當然的事情；但是市場漸趨飽和，於是製造商希望每家都能買上幾臺。除了客廳外，還想讓他們在臥室和孩子的房間都安裝上電視；也想讓電話安裝上分機、汽車分成父親的高爾夫用車和母親的購物用車；音響則分成用在會客室聽古典樂的，以及兒子聽搖滾樂用的迷你型，等等。製造商透過這種形式來刺激消費者的消費欲，讓每個家庭將物品數量增加到兩臺、三臺。

而第三消費社會的特徵是品牌導向。因為父母那一代和子女這一代想要的設計和品牌有所不同。此外，同一代人也愈來愈希望和別人有所不同，大家都在追求設計和品牌的個性化。

但是，這種個性化、多樣化、差異化、品牌化的第三消費社會，到了二十一世紀也飽和了。基本上每家都有幾臺汽車、家電和電話，或者人均一臺。於是，日本萌生了不必擁有自己專屬東西的價值觀。這是第四消費社會的發端。

一言以蔽之，第四消費就是擺脫了物質上的豐富性。這提高了人們的非物質性意願，希望彼此之間進行交流、形成社區（**↓社區便利站、社區流動公車、共享街區**），也希望從完全私有變成共有和共同使用（**↓共享**），還體現了人們對生態型生活的嚮往。

人們對品牌的講究程度也變低了。全身穿著優衣庫（ＵＮＩＱＬＯ）也覺得很舒服的人變多了，他們認為物品和自己的個性無關，物品可以是量產的商品。整體生活從豪華奢侈變為簡單的人愈來愈多（**↓簡約一族**）。

人們對簡約生活的追求，導致了大家對日本傳統生活方式的再次認可（參照三浦展《愛國消費》（暫譯））。這是因為日本在經濟高速成長前，其生活方式就是與自然共存、不浪費能源的生態型生活。愈來愈多的人被這種簡約生活方式吸引，這也是第四消費社會的特徵。

共享

現代消費社會，從擴大私有領域的階段發展到縮小私有領域、增加共享領域（**↓第四消費**）。東西能租就租，能共有就共有。

特別是消費社會的最大商品——住宅和汽車，人們願意把自家的拿出來共享。現在已經到了這樣一個時代：大家可以一輩子租房子、住共享住宅（Share House），而不是去住一整層的公寓，也可以使用共享汽車等等（**↓社區流動公車**）。

現在還出現了這樣一種趨勢：將閒置的房子改造一下，提供家人以外的當地居民共享使用，或是共享整個街區擁有的各種功能，等等（**↓新鄰里關係、共享城、共享街區**）。或者，每個人把自己的技能拿出來交換，也是一種共享（**↓以事易事和時間儲蓄**）。我一直在想，如果整個社會變成這樣一種共享社會就好了。

最近，我總在說「共享、共享」的，就有一位大型汽車廠商對我說：「你老是說共享，我們的車都賣不出去了。」

但是，我聽說這個人在公司內部傳閱過我的書。這就是共享的行為啊！

而我更希望他不要傳閱我這本七百日圓左右的新書，而是每個人買上一本（笑）。這家公司銷售的汽車單價可是高達七百萬日圓。我認為共享七百萬日圓的車、私有七百日圓的新書，更具有經濟合理性，你看怎麼樣？

擁有數千本書、建個書房，或者擁有數千張黑膠唱片、買個黑膠唱機聽，對許多人來說，已經構成了一個興趣領域。像這樣，擁有高檔汽車並且存放在車庫的行為，也會在不久的將來成為一個興趣領域吧。

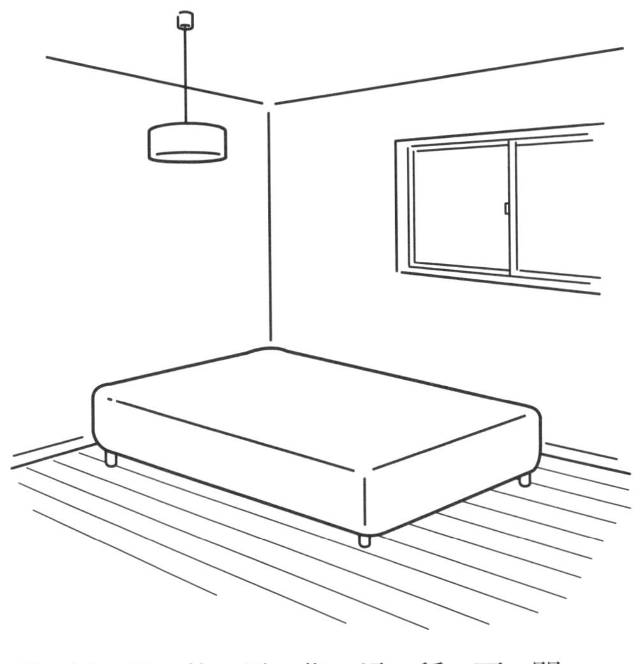

簡約一族

擁有不太多的物品，在房間裡只擺放喜歡的物品，而且儘可能地使用天然物品——擁有這種生活方式的人正在增加。我把這些人命名為簡約一族。最近好像也有**極簡主義者**（minimalist）這個說法。minimal 是最小限度的意思，所以極簡主義者大概就是只用必要的最小限度物品來生活的人吧（**↓四張半榻榻米新生活**）。

這種傾向好像愈來愈嚴重。去書店看一看，就會發現《我決定簡單的生活：從斷捨離到極簡主義，丟東西後改變我的十二件事！》《給大家的無欲生活日記》《少少物品也能暢快生活》《一個極簡主義者的故事——丟掉多餘物品，重拾人生》《最小限度主義：從「大」到「小」——跟東西告別，開始「極簡主義」生活》《少點衣服更幸福——讓心情變好的「整理」日課》之類的書，有數十種之多。關於極簡主義者的書特別多！那些以極簡主義為目標的人，在房間裡擺放一堆這樣的書，想來總讓人感到有點矛盾。

其中有一本叫《無印良品與我的簡單生活》的書，什麼啊？結果，還是讓我們買東西，讓人忍不住「吐槽」。有的書上印著家無餘物、盡顯貧寒的房間照片；還有的書上提議不要用電視機，用像護目鏡一樣的設備看影片，但是這看上去應該是極客（機械宅）的生活吧。

簡約一族、極簡主義者確實有這些情況，我就先「吐槽」這麼多。東西很少卻能感到富足才是真正的簡約一族。這與日本泡沫經濟時代之前，東西的數量和尺寸都很足夠的生活方式比起來，大不相同。智慧手機的普及，使得電視、收音機、環繞音響，或許連電腦都變得不再需要，也讓無須多餘物品的簡約生活成為可能。很早以前就有人說過，便利店會讓冰箱和微波爐無用武之地。

但是，我不會把在便利店解決吃飯問題的人定義為簡約一族。簡約一族是這樣一類人：他們使用天然食品、認真做飯，不使用合成清潔劑，用天然成分清潔劑打掃和洗滌。他們汲取傳統生活中的優點，不開空調、灑水降溫，不追捧新產品，使用爸媽或祖父母留下來的東西，並對這些東西心懷感念，長年堅持使用。總之，他們不是單純扔掉沒用的東西，過著無趣生活的人。

每天穿同款衣服的時代

已故的蘋果公司創辦人**史帝夫・賈伯斯**（Steve Jobs）總是穿著同樣的衣服：三宅一生設計的黑色高領毛衣和破舊的牛仔褲。

有觀點認為，服裝是一個人的正字標記，所以賈伯斯也是在用服裝塑造自己的形象；不過他原本就是一個技術宅，也有人說，他其實只是想把挑衣服的時間用在工作上。

在日本，知名的經營者或者經營顧問也是每天穿著同樣的衣服。很多人左右腳上的襪子也都是完全一樣的，一律黑色。

經營者和經營顧問，每天都要做出很多重要的決策。所以，不想浪費時間去決定每天穿什麼衣服，更何況是襪子。

經營者每天真的要做那麼多重大決策嗎？據說比爾・蓋茲（Bill Gates）每天會收到三千封郵件，假如對每一封郵件都要做出相應決策，這真的很辛苦啊。這樣是沒有時間去考慮襪子、領帶、襯衫以及如何搭配之類的吧。確實，像是沒有任何圖案的黑色襪子，就算閉著眼睛也能穿上。衣服也是一樣，如果決定好了

就穿白襯衫、牛仔褲和藏青色夾克，那麼就沒有什麼考慮的必要了。這麼說來，經營顧問大前研一基本上也是總穿著立領襯衫。

反過來說，每天穿著不同顏色的襯衫、夾克、襪子，打著不同顏色領帶的人，可能是完全不用做什麼決策、非常清閒的人吧。但是我並不認同這種說法，他們應該還是基於喜愛時尚才這樣做的。

基於此，在現在這個時代，比起每天穿的衣服換了又換的人，每天穿同樣衣服的人更精緻、更酷，更有超凡的魅力。換句話說，這是一個不買東西的人反而能顯得更精緻、更酷的時代。雖然消費不景氣的最大原因是收入減少，但是高收入的人不去輕易地買東西，也是導致消費萎靡的一個原因。

編劇兼隨筆作家向田邦子已經去世三十六年了，但關於她的書籍直到如今仍在大量出版。她展現出來的知性、堅強和精於打扮的職場女性特點，大概是她人氣不減的原因吧。據說她從四十五歲之後也開始只穿同樣的普通衣服。例如，她發現一件針織衫，雖然樣式隨意，但是穿起來方便，拍成照片後，倒也魅力非凡，於是就一口氣買下了店裡所有不同顏色的同款針織衫。她無疑是每天穿同樣衣服卻顯得精緻的先驅。

統率現代最具人氣的設計公司ＮＥＮＤＯ的佐藤大，據說也多是每天穿著同樣的白色襯衫。他一開始是為了理解客戶的品牌而嘗試穿穿看，穿著穿著就喜歡上了，於是就買了二十件同樣的襯衫；等他回過神來，發現自己還買了四雙同樣的鞋子。物品的種類很少，但是數量一直在增加。佐藤說，這並不是一種講究，也不是收藏癖好，而是這麼做能讓自己安心。

但需要注意的是，這和每天穿著深灰色西裝去公司的人似乎完全不是同一回事。

停用信用卡

我以前在ＰＡＲＣＯ百貨工作，所以常常被人說，在日本泡沫經濟時代想必賺了很多錢吧。在日本泡沫經濟時代以前，ＰＡＲＣＯ有過一段非常景氣的時期，甚至被稱為「ＰＡＲＣＯ獨享的泡沫經濟」。但到了日本泡沫經濟時代，ＰＡＲＣＯ的營業額卻一直停滯不前。因為在這個時代，人們都去海外旅行，到巴黎等地購買奢侈品，已經沒有人會在ＰＡＲＣＯ購物了。所以在日本泡沫經濟時代，ＰＡＲＣＯ從來沒有發過那麼多的獎金。有人將「ＰＡＲＣＯ時期」和「泡沫經濟時代」這兩個詞混為一談，可以說是搞錯了。

雖說如此，但在泡沫經濟時代，我也有點心醉神迷，成為高級信用卡的會員。聽說拿著這種年費一萬日圓以上的卡，就可以在歐洲隨意租借直升機。我輕信了這種廣告。

當然，我一次都沒有租過直升機，幾年後就停用了那張卡。多半是因為我的房屋貸款負擔變重了。

從那以後，我還取消了信用卡的循環信用和預借現金功能。因為我進入三菱綜合研究所，從事信用卡公司相關工作後，發現這種循環信用和預借現金的利息非常高，而這正是信用卡公司獲利的來源。

最近，我還停用了百貨商店的會員卡。雖然我以前經常在那家百貨商店購物，但是覺得今後應該不會再這麼買了吧。前幾天，我在自家附近的一家炸豬排店吃飯，碰見一個應該屬於團塊世代[3]的男人，他正在和老闆閒聊。他說，自己有一張某百貨商店的會員卡，但是用不到，就停用了。我現在只留下不需要會員費且永久有效的積分卡、某家電量販店的卡和出差用的日本鐵路（ＪＲ）交通卡。個人認為，不只是我，會有愈來愈多的人停用各種卡吧。

我調查了一般社團法人日本信用協會的統計情況後發現，二〇一〇年

❸ 指日本戰後出生的第一代。

年底，日本有2億4547萬人簽訂了會員條約，到二〇一三年年底減少到了2億2781萬；二〇〇九年三月底發行了2億7261萬張信用卡，到二〇一五年三月底減少到了2億5890萬張。停用信用卡的人還在增加中。現在大多數人不會因為有點好處就想辦卡了吧（**↓簡約一族**）。

從更好生活到個人最好生活：瑋緻活陶瓷會被日本捨棄嗎？

不用說，戰後日本生活方式的原型是美國。生活中要有帶草坪庭院的獨棟住宅、私家車、家電齊全的房子、獨立房間、床、桌椅，冰箱裡要裝滿豐富的食材。在二十世紀七〇年代以前，這些美式的生活方式，都曾是日本人的目標。

美國那個時代的生活被稱為「**美好生活**」（Good Life），而大約在二十世紀七〇年代，日本基本上已經實現了這種生活。之後，日本人開始追求「更好生活」（Better Life）。八〇年代，日本人的目標是「**升級**」（第44頁）：生活再好一點、再富裕一點、汽車再高級一點、住宅再現代一點，等等。

而追求更好生活的主要人群，是當時有三四十歲的團塊世代。這個群體人數眾多，志向從美好生活向更好生活轉變，所以產生了一個巨大的市場（我將這個時代稱為第三消費社會）。

至於要說追求更好生活的結果是什麼，那就是在全日本團塊世代的餐具櫥櫃裡，擺滿了瑋緻活（Wedgwood）陶瓷、皇家哥本哈根（Royal Copenhagen）瓷器、義大利基諾里（Ginori）的杯碟。這些都是在海外旅行時或在平輸進口商店購買的東西。在團塊世代的餐具櫥櫃裡，基本上都會有三套以上名牌杯碟。

所以我很擔心，如果女性團塊世代去世了，那整個日本到底會有幾十萬套杯碟成為遺物呢？她們的女兒不一定會繼承她們的興趣，也不一定會把這些傳承下去；即使想賣，但是同樣的杯碟有幾十萬套，舊貨店應該也不想收，最後就只好當垃圾處理了吧。這些名牌杯碟將會在夢之島[4]堆積如山。

這些暫且不提，我曾經反覆說過，與團塊世代追求更好生活相比，他們的孩子們（團塊二代）則是在追求「個人最好生活」（My Best Life），而不是「最美生活」（the Best Life）。也就是說，這不是追求任何人都最好的時代，而是一個追求對每個人自己本身而言最好的時代。換言之，也可以說是在追求**自我最佳化**——追求對自己來說最佳、最舒適、最合適、讓自己開心的東西；或者是把現成的產品**客製化**（Customize）成適合自己的東西。

當然，在以前就有汽車狂熱愛好者改造自己的汽車，裝上很講究、個性化的選配零件。隨處能看到這種行為和消費方式的時代，就是一個追求自我最佳化的時代。

再比如住宅，愈來愈多人也不再是買新成屋住，而是買二手屋翻新後再入住。這也是追求自我最佳化的體現。改造（Remake）舊衣服和舊傢俱的人似乎也在增加。聽說還有把優衣庫（ＵＮＩＱＬＯ）的衣服買來改造的人。在受年輕人喜愛的社群媒體——ＩＧ（Instagram）上，會找到很多這種翻新物品的照片。

不過，女性團塊世代的女兒們（團塊二代），大都不再使用這些大批量而沒有個性的杯碟了，雖然它們都是名牌。怎麼說呢？她們都去買日本風格的原創商品和名家製作的產品了。這種「**和志向**」（對日本風格的追求），是第四消費

❹ 位於東京都江東區的地名，在過去曾是垃圾掩埋場。

社會的特徵（**↓第四消費**）。

這股日本風潮總有一天會結束的吧？但是我認為西洋風潮不會捲土重來。也許會流行既非西洋風，也非日本風的東西；但因為亞洲、非洲、中南美洲等各個國家的東西都已經進入日本，所以我認為不會只流行其中的一種。

如此一來，日本就會產生綜合這些國家的文化，再加入數位文化而成的**大折衷文化**。外國觀光遊客會增加、移民會稍微增加，虛擬化的東西也會愈來愈多。想想這些，就能知道這樣的預測是正確的。

這種大折衷文化，是無法用美好生活、更好生活、個人最美生活等概念一以概之的。

從自我擴張感到自我肯定感

我在十幾年前就指出過，和「**從更好生活到個人最好生活**」（第31頁）這個轉變相對應的是，在當今年輕世代的價值觀之中，存在「從自我擴張感到自我肯定感」這種變化。

所謂的「自我擴張感」，指的是藉由購買更大、更高級的東西，例如：買更高級、性能更好的汽車，或是買更大的冰箱和電視，來感受到自己的自我得以擴張。從這種自我擴張感之中感受喜悅，曾經是日本經濟高度成長期到泡沫經濟時代時期日本人的價值觀。「大就是好」或「你總有一天會戴上皇冠」之類的廣告，正代表了這種充滿自我擴張感的時代。

但日本泡沫經濟破滅後，這種自我擴張型的價值觀逐漸衰退，轉而興起的是追求自我肯定感的價值觀。最近，在指導學生和新進員工培訓等領域，人們開始呼籲起培養自我肯定感的重要性。

簡單來說，就是「在讚美中成長」，其思維是藉由讚美和肯定，讓受到讚美的人能夠肯定自我，積極向上。

在充滿自我擴張感的時期，就算無法獲得讚美，也可以感受得到自我在擴張；所以在指導別人時，比起讚美和肯定，更傾向於貶低和否定。在這個時期，一般認為說你這樣不行、指責你什麼都不是，才會讓人有更好的成長。

而在當今的時代，如果說「你這樣不行」，就會被控訴是濫用職權施壓。我曾經問過一個大學教授，聽他說，就算只是對學生說「你的成績再這樣下去，會畢不了業」，也會被認為是濫用職權施壓。必須處處小心，肯定學生、讚美學生，還得給他們需要的分數。我不想為了這種麻煩事情勞心傷神，這就是我不去大學教書的最大原因。

這些暫且不提，在市場行銷中，我們還必須應對追求這種自我肯定感的年輕一代（包含四十五歲以內的人）。在自我肯定感時期，連汽車都要是豐田以前的 Funcargo、日產的 Cube、鈴木的 Lapan 之類的吧（我曾經稍微參與過這些汽車的市場推廣工作）。總之，這些都是開起來舒適、令人愉快的車種。

我在《下流社會行銷（暫譯）》一書中寫過，在一九六八年之前出生的人當中，「不想輸給別人」的人比「想要悠閒生活」的人多得多。但是，在二十世紀七〇年代之後出生的人中，「想要悠閒生活」的人比「不想輸給別人」的人要多得多，正好反過來了（NHK放送文化研究所〈NHK初中生・高中生的生活和意識調查・二〇一二〉）。

不想輸給別人的人會駕駛什麼樣的汽車呢？是跑車，是能跑得比別人快的車種。實際上，在一九六八年左右出生的男性極力推崇的汽車當中，就有豐田的Supra。它發售於一九六八年出生的人十八歲的時候。

另一方面，想要悠閒生活的人所駕駛的汽車，是前面提到的Funcargo、Cube和Lapan之類的車種，給人印象中的時速可能都不超過八十公里（實際上會更快一些）。因為他們認為，按照自己的步調和最符合自己的速度駕駛才是最重要的，哪怕輸給別人，或是比別人慢都沒關係。

汽車製造商並不明白這是怎麼回事。不是因為他們沒有看NHK放送文化研究所的報告，而是因為這些汽車製造商，原本就是不想輸給別人的人，豐田的人尤其如此。即使是其中的年輕一代，也都是不想輸給別人、努力學習，才應徵上豐田的。他們進入公司後，每天都在拼命工作，立誓不輸給本田、擠掉日產。所以他們無法相信，世界上會有人認為輸給別人也沒關係。他們並沒有發現：在同為年輕世代的群體之中，自己的價值觀已然屬於少數派了。

自主參與性

不是被動地受制於機器或身外之物，而是自己積極主動地去推動事物的發展，我將這種態度命名為「自主參與性」。

在現代，基於各式各樣的機械化與資訊化，人們將很多事情都交給了機器和電腦來做，並能夠輕易完成。購物也是如此，只要上網點一下，商品就會宅配到府。音樂和電影也是動動滑鼠即可下載。所以說，這是一個任何事情交由他物即能完成的時代。

但是，也有人對此表示不滿，他們追求自己親自去做的踏實感。也有人覺得被動接受難以令人滿足，所以希望自己能親手參與。

最近，黑膠唱片重新受到人們的追捧。我們明明處於用手機就能隨意下載歌曲的時代，但還是有人特地去買二手的黑膠唱片、黑膠唱機、擴大機和音響。線上下載的音樂沒有雜音，而黑膠唱片有雜音，唱盤也容易受損；只要有個十張唱片重量就很重了，還很佔地方，有諸多不便之處。

然而買黑膠唱片的人反而增加了，這是為什麼呢？原因之一，就是比起數位音樂來，黑膠唱片播放出來的聲音更加優美柔和，不會讓人感到疲憊。還有一個原因，就是唱片的損傷和雜音反而更能讓人靜下心來，令人難以忘懷。

不僅如此，將黑膠唱片從封套裡取出來放在唱機上，擦拭灰塵，然後將唱針放下來……這一連串的作業是很令人愉悅的。人們很享受自己主動參與播放並聆聽音樂的踏實感。也可以說，這就像直接喝瓶裝茶，和自己認真按照步驟燒水、放入茶葉，再品茶，給人的感覺是不一樣的。這就是所謂的自主參與性，從自己參與其中的踏實感中得到滿足。

這麼說來，最近自己在家做味噌的人也變多了。他們經常在咖啡廳之類的場所舉辦味噌製作工作坊。這是真正的「手前味噌」[5]呢，自己親手製作就是價值所在。

以前，在手機剛普及的時候，很流行在手機上塗鴉、貼膜、掛飾品等。這是因為每支手機的設計相似，缺少個性，所以人們才讓賦予手機自己的特色，讓它變成自己的專屬手機。

開車也是如此，有人不喜歡開自排車而偏好手排車，也是因為自主參與性的關係。雖然現代汽車產業都在追求實現自動化駕駛，但能夠自動駕駛的汽車，就完全失去了駕駛的樂趣。雖然自動駕駛對被收回駕照的老年人和對開車沒有自信的人來說正好合適，但開車的樂趣也會消失吧。

現在比起汽車來，自行車更受歡迎。這也可以說是因為騎自行車時，人們

[5] 「手前味噌」為日本俚語，有「自賣自誇」之意。

的自主參與性更高的緣故。自己騎車會更有踏實感。而且，自行車的顏色和外觀有很多選擇，還可以安裝各種配件，坐墊、握把、後照鏡、車鈴和車燈都可以根據自己的喜好來選擇。這和有諸多限制而不自由的汽車大大不同。正因為如此，自行車才大受歡迎。雖然自行車比汽車更環保、更便宜也是原因之一，但人們的自主參與性才是騎自行車的真正樂趣所在。

然而，為什麼日本大多數的製造商都要製造無法讓人自主參與的東西呢？他們不允許消費者自主參與，而是希望他們直接使用已經製造完成的商品。以剛才提到的手機而言，製造商往往絞盡腦汁，光想著如何製造出具有強悍功能和出色設計的手機。當智慧手機出現的時候，傳統手機就被擠出了市場。這讓原本製造傳統手機的公司完全失去了利潤空間。

智慧手機雖然是出色的成品，但是卻給人們保留了自主參與的餘地。它一摔就壞，於是把它裝進自己喜歡的手機殼，好保護自己手機的想法就應運而生。人們還可以安裝自己喜歡的ＡＰＰ，而不是所有東西都要按照製造商預設好的。

這樣就留下了自主參與的空間，這點與現代消費者的觀念相吻合。

日本的製造商是不會做出一摔到地上就會壞掉的東西，因此也無法給消費者留有自主參與的餘地。他們想製造的是大象也踩不壞的商品，而會輕視那些更有感官享受、色彩更豔麗、撥號聲更有趣、手感更舒適的東西。

最近的都市開發也是如此。人們想把一切都開發殆盡，不留餘地。這樣的確會讓街道更便捷，但總覺得也會變得了無生趣。

從升級到降級

二十世紀八〇年代，我在還是一名市場行銷雜誌編輯的時候就說過，八〇年代後期的日本泡沫經濟時代，市場行銷的關鍵字之一就是**升級**。也就是想過比現在更高檔的生活、想買更多的東西。

在日本經濟高度成長期，如同廣告給人們的印象是「大就是好」、「旁邊的汽車看起來都變小了」一樣，人們認為幸福就是要換更大、更高級的汽車和電視。

二十世紀八〇年代，日本的經濟高度成長期已宣告終結，進入經濟低成長階段；然而到了泡沫經濟時代，人們重燃經濟高度成長期的情緒，擴大了消費行為，都想買更大螢幕的電視、更高級的汽車和更大的房子。這就是「升級」這個詞的具體體現。

然而，日本泡沫經濟破滅，股價下跌，地價也下跌；儘管如此，還是有人不以為然，認為總有一天會上升。結果一九九七年，山一證券[6]宣告倒閉，更不用說從那之後消費就愈來愈萎縮，進入了通貨緊縮的時代。

與此同時，在一九九八年之後，二十世紀七〇年代出生的團塊二代已經高中畢業，進入大學，或者步入社會了。這一代人成長於已完成中產階級轉型的二十世紀七〇年代的戰後日本。因此，他們從一開始家庭生活水準就不差，很多人家裡的家電齊全，也擁有私家車和私有住宅。所以，愈來愈多人不太有想進一步提高生活水準、想升級的想法。

而到了二十世紀九〇年代以後，人們的環保意識增加了。雖然環保相關運動從二十世紀七〇年代初就已經開展，但我們或許更應該說，它是在九〇年代得以重燃的。由於環保意識增加，購買較大的物品被視為是違背環保意識的行為，並讓人們產生了一種罪惡感。

6 曾為日本四大證券公司之一。

這樣一來，由於經濟規模縮小、出生於中產階級家庭的團塊二代步入社會，以及環保意識的增強，消費行為從升級轉向了**降級**。

不過所謂的降級，並沒有負面的意思，而是代表了一種新價值觀的出現：降級反而更好（**↓從更好生活到個人最好生活、從自我擴張感到自我肯定感**）。

人們開始認為，將大汽車換成小汽車，或者儘可能換成油電混合車，更加帥氣。好萊塢著名演員李奧納多・迪卡皮歐去參加二〇〇五年奧斯卡頒獎典禮的時候，乘坐的就是豐田普銳斯油電混合車，當時還蔚為話題。從那之後，日本市場上銷售的主流車種就變成了小型家用車和輕型車（當然，高齡人口的增加也加速了這個變化）。

大眾文化的資源化

我想出這個詞是在一九九二年，已經相當久遠，卻道出了之後的日本文化現狀。

所謂大眾文化，指的往往是一時流行的文化。特別是從戰後到昭和時代結束前，各種新興文化層出不窮，但又轉瞬即逝。不過從昭和末期開始，大眾文化出現了變化，曾經的大眾文化出現了再次復興的動向。

我印象特別深刻的是森高千里翻唱了南沙織的〈十七歲〉。〈十七歲〉是一九七一年發行的歌曲，森高的翻唱是在一九八九年，已經相隔了十八年。對森高來說，這只是她隱約記得小時候聽過的一首歌曲；但森高卻翻唱了這首歌，而且完全沒有違和感，不會讓人覺得是一首老歌，也聽不出懷舊的味道。

這種傾向在二十世紀九〇年代以後變得更加顯著。二〇〇五年，德永英明翻唱過一些女歌手的歌曲，並將其收錄於專輯《VOCALIST》中發售，在這之後他又出了四張翻唱專輯。

就像這樣，如今是一個即使完全沒有原創歌曲，只翻唱老歌也能擁有音樂市場的時代。不，倒不如說，翻唱歌曲更容易得到昭和世代人們的歡迎、更有銷路，所以音樂業界也心安理得。這是因為大眾文化這個流行文化變成了資本（資源）的緣故。

國外也存在類似的情況。咖啡廳經常能聽到巴薩諾瓦音樂（Bossa Nova），但是聽著聽著就會發現，這些音樂有很多都是將以前的暢銷搖滾歌曲改編成巴薩諾瓦風格。比如，咖啡廳裡就經常播放芝加哥樂隊的《星期六在公園》（Saturday in the Park）。

想想看，我們聽的音樂，不管是古典音樂還是爵士樂，都是六、七十年前演奏的，有些曲子甚至是五百年前的作品。在這個時代，搖滾樂和流行歌曲同樣都成為一大資源，只要挖掘改編一下，人們就能獲得充分的滿足。

反過來說，這個時代已經很難創作出全新的原創作品了，就像二〇二〇年東京奧運會會徽抄襲事件一樣，很容易讓人覺得「在哪裡見過」。

拾物時代：從Celebrity到Serendipity

我最近把在街上撿東西當作一種樂趣。我撿過一個只是有點燒焦就被丟掉的高級鍋子。不愧是高級鍋子，受熱均勻，做料理時十分好用。我還撿過木頭自己做書架之類。雖然也有很多人會丟掉椅子，但因為沒有我中意的東西，就沒有撿過；還有人會丟沙發，雖然其中有我很中意的，但因為沒有地方放，所以也沒有撿。也時常有丟掉桐木衣櫃。雖然我很想要，但礙於無法搬運，所以也沒有撿過。我甚至還看過高級音響，雖然很想拿回家，但是因為正在工作中，也只好放棄。只要開著小貨車在東京街頭四處晃晃，應該轉眼之間就能湊齊所有家當吧。

「別用完就丟」的潮流持續了很長一段時間，但另一方面，也出現了「斷捨離」、「終活」[7]和「清理」的熱潮，總之都是因為要丟掉的東西太多了吧。

7 臨終活動的簡稱，指為了迎接人生終點而做好準備，包括處理好家中物品等。

當然，這也存在這樣的時代背景：昭和前十年出生的人在日本經濟高度成長期買了許許多多東西，近年來他們都已盡天年，留下了很多好東西。

發現奇珍異寶，或者找到稀罕之物（或人），英語稱為「Serendipity」（意外收穫）。這個詞和「Celebrity」（名流）的讀音很相似，但含義不同。我認為現代人實際上都在追求 Serendipity。從丟棄在街上的東西中，找出自己喜歡的東西，也是一種 Serendipity。反過來也就是說，無法滿足於新產品的人正在增加。

前陣子，我去郊區看了一棟新建大廈的樣品屋，它是由一家知名房地產開發商投資開發的。雖然我根本沒想買，只是聽說它的位置絕佳，才去湊湊熱鬧。

我一到樣品屋，那裡的負責人就向我畢恭畢敬地解說那個街區有多麼好，講了整整一個小時。我也是一個研究郊區情況的人，他說的話我都已經知道了；但因為難得來一趟，我就認真地聽著。我覺得他是有做功課的。話說回來，像這種街區，如果不說出它的一些魅力，那麼新建的高價大廈就賣不出去了吧。

之後，他終於讓我看了樣品屋。和其他大廈大同小異，並沒有什麼令人感興趣之處。說起最有趣的地方，就是桌子上擺放著香檳杯了。為什麼銷售大廈的人特別喜歡擺放香檳杯？真是不可思議。也許是因為想給人一種名流之感吧。

我看了樣品屋後，填寫了調查問卷。我在上面答道：這次不想買。一這樣寫，為我解說的負責人態度驟變，像是在說：你到底懂不懂這棟大廈的價值？你是傻瓜吧。真讓我毛骨悚然。剛才的態度還畢恭畢敬的，不知怎麼地，瞬間就變成像是歌舞伎町的皮條客，或是宰客的酒吧。我再也不想見到這個負責人了，不不，是再也不會去新建大廈湊熱鬧了。

這些都暫且不論，我想問問：在看了基本上大同小異的新建大廈之後，有多少人會說「真好啊，真想買啊」？這樣的人正在減少。暢銷的塔式大樓大部分是賣給投資客，也有很多中國人來買。但我並不認為，會有那麼多人是因為真心喜歡這個大廈才去買的。

愈有品味的人，就愈會用低價購買二手屋，然後**翻新**（大改造）。我在郊區看的那個新建大廈，二十一坪左右就要七千萬日圓。但山手線範圍內一戶相同面積的二手大廈，只要三千萬日圓，再花五百萬日圓整建翻新，就能過上更適合自己的舒適生活。這裡沒有裝作名流的香檳杯，而是會放著自己喜歡的東西，例如撿來的椅子、別人轉讓的桌子，那個她當作禮物送的杯子等等。只要看到這些室內擺設，腦海中就會浮現出那個人的人格和品味來。愈來愈多人感受到了這種居住方式的魅力，並且開始實際去實踐。這才是有自己風格的意外收穫生活。

參考文獻

阪口恭平，《從零開始的都市型狩獵採集生活（暫譯）》，太田出版，二〇一〇年。

再思考（Rethink）

「再思考」一詞本身取自湯姆・迪克森（Tom Dixon）寫的《Rethink》一書（二〇〇二年出版）。

Rethink直譯為「重新思考」，在這本書中用以表示「改變看待事物的方法」、「改變視角」、「採取非常規的方法」、「轉為他用」等含義。

這本書中介紹了很多奇思妙想，例如，將貨櫃當作辦公空間、將磚塊堆起來當桌子、將百葉窗用來分隔房間、將冷藏用保麗龍盒壘起來當書架等等。總之，有許多將工業用品轉換成生活用品的點子。

這種轉為他用的點子，實際上日本的**東急手創館**早就曾經提出過。我從一九八二年起就在澀谷上班，所以非常喜歡手創館，每個禮拜都要去一次。手創館不只是DIY商店，還提出了各種點子，例如將理科實驗用的燒杯當作鉛筆筒、將工具箱當作首飾盒，等等。

我認為，這裡繼承了《**全球概覽**》（The Whole Earth Catalog）[8]的精神，這種精神流行於二十世紀六〇年代末的美國，對蘋果公司的創始人史蒂夫・賈伯斯也有很大的影響。

直接簡略一點來說，這種思想就是，自己在某個地方遇難，也不會不知所措，而是會為了活下去想辦法利用身邊的東西。

實際上，人類從遠古時代開始就學會用動物骨頭做武器、用椰子做容器、用石頭做箭頭，構築出人類的文明。骨頭、椰子和石頭都屬於轉用。這就是創造的開始。再思考可以說是人類為了生存下去而進行創造的原點。

我在一九八三年前後將與再思考相似的想法定義為**重組**。我認為手創館的提案，也是一種對物品原本用途的重組。

和手創館同一時期面世的**無印良品**也具有再思考的性質。因為這些無色、無

❽ 七〇年代前後一本產品目錄型式的美國反文化雜誌，關注自給自足與DIY等議題。

花紋的商品，可以讓消費者根據自身情況去想像如何使用它們，還可以進行改造（**↓自主參與性**）。

再思考或重組的想法，在創造力較弱的泡沫經濟時代停滯過一段時間，但在進入二十一世紀後，就突然又再次興盛起來。

像是將辦公大樓轉為住宅使用這種稱為**轉化**（Conversion）的趨勢，並不是破壞舊建築以建造新建築，而是在運用舊建築優勢的基礎上賦予其新的價值，使它重獲生機。像**東京R不動產**等公司的**翻新**活動，無疑就是重新回到再思考、重組的延伸之上。

有間叫做 **D&DEPARTMENT** 的店的理念也是再思考、重組。例如，將學校供餐時裝運牛奶用的金屬容器當作室內用品等。

像這樣，轉化和翻新必然會讓人們重視回收再利用。從這個意義上來說，這是一種環保行為。共享住宅之所以常會是一些翻新後的舊建築，是因為在共享和翻新的思想中，蘊含著重視環保的傾向。

我們的生活風格不該只限定於居住空間，而是更要去再思考，或是翻新，這樣才會更符合環保意識吧（**↓拾物時代**）。

參考文獻
東京銷售市場研究會，《手創館現象（暫譯）》，MIA，一九八六年。
東京R不動產，《東京R不動產（暫譯）》，Aspect，二〇一〇年。
堤清二、三浦展，《無印日本（暫譯）》，中央公論新社，二〇〇九年。

從往下傳到往上傳

我們這一代人，童年時代的衣服一般都是往下傳著穿的。特別是我上有哥哥、堂哥、表哥，下無弟弟，所以童年時代的便服、制服，還有平時用的桌子等，都是傳下來用的。

如今，大家都沒什麼兄弟姊妹，也沒有住得近的堂哥、表哥，這種生活習慣恐怕不太常見了。取而代之的是在幼稚園、托兒所和當地的跳蚤市場，購買年紀較大的孩子不能穿的衣服，或者不用的玩具等，雖然也要錢，但十分便宜。

而在最近，好像友愈來愈多的父母開始穿起孩子們不能穿了的衣服，這叫「往上傳」。

父子（母女）之間價值觀和時尚感的差距日益減少，大家都開始穿上款式相同的衣服；所以父母穿著孩子穿不下的衣服，也不足稱奇。

而且近來中性時裝多了起來，媽媽穿兒子的衣服也不會讓人覺得奇怪。我的妻子也經常穿女兒和兒子的衣服。穿女兒的衣服反倒沒那麼合適，對她來說還是有點太花俏了；相形之下，倒是兒子「往上傳」給媽媽的衣服更簡約、更合適。

兒子經常穿我傳給他的衣服。褲子不太合身，腰圍和腿長差太多，但是T恤、運動服、風衣之類，就完全沒問題。有時候，我們還共享鞋子和襪子。另外，背包、提袋和手錶也都是共享的。

早就有**朋友式親子關係**這種說法，但現在才真正是父子（母女）之間的時尚沒有差異、像兄弟姐妹一樣將衣物「往下傳」或「往上傳」的時代（**↓男女老少同一市場**）。

我們家雖然有些不同，但是也有些家庭的女兒會用她媽媽或祖母的ＬＶ包吧。說起來，和服也是這樣的東西。

這種情況可能會讓那些想要出售新產品的企業感到困擾吧。但對消費者而言，倒不如說他們已經開始過著真正的生活了。

年輕男性主婦化與男女老少同一市場

我在《日本人今後會買什麼？（暫譯）》這本書中，分析了總務省「家庭經濟調查」中獨居人士的家庭經濟狀況，並指出，社會上出現了年輕男性（三十四歲以下）**主婦化**、年輕女性男性化、中年男性（三十五～五十九歲）居家化，老年男性（六十歲以上）年輕化、老年女性和中年女性外向化的傾向。

之所以說主婦化，是因為獨自生活的年輕男性族群，對生鮮食品和家庭用品的消費增加，印證了「便當男子」、「料理男子」這些流行語。

說年輕女性男性化（更應該說成是**去女性化**），根據就是她們對裙子、內衣、絲襪等商品的消費減少了。從事重要職務的女性增加，也有愈來愈多的女性穿黑色套裝上班。

說中年男性有居家意向（**居家化**），其依據是他們對寢具、沙發等室內用品的消費增加許多。

另外，老年男性年輕化，則體現於他們對運動、電影、看劇等方面的消費增加，以及飲食的西化程度提高（換句話說，他們在進入老年後仍保持著年輕時的飲食習慣）。老年女性和中年女性外向化就更不用說，是因為她們對溫泉、旅行、看戲劇、看比賽、聽音樂會等走出家門的消費增加了。

當然，說年輕男性主婦化、年輕女性男性化，是以消費的增長率而言。從消費金額來看，還是女性在生鮮食品上的花費比較高，自己做飯的人也是女性為多。

不過，從增長幅度來看，男性自己做飯的比例增加許多。不過資料顯示，他們的外食費用並沒有出現大幅下滑。雖然外食次數減少了，但是有業界資訊顯示，他們平均每次消費的單價卻有所提高。外食所減少的次數，大致就可以推斷為他們自己做飯的次數了。

現今的年輕男女沒有什麼積蓄，自然就只能自己做飯了；如此一來，他們去超商的次數也會減少。超商是採用定價販售，生鮮食品也少。取而代之的是，獨居人士中會去生鮮超市購物的人有增加的傾向（資料來源：三菱綜合研究所）。

由此可見，男女老少與從前相比趨向均質化，父母和孩子的穿衣風格和品味愈來愈像了（**↓從往下傳到往上傳**）。不僅如此，連祖父母和孫子都開始穿同樣的 LEVI'S、耐吉和愛迪達了。飲食方面，祖父母和孫子一樣都很喜歡漢堡、披薩和冰淇淋。當然，也有上了年紀開始喜歡吃魚的情況；不過和過去相比，老少之間的差別已經非常小了。與其說是**朋友式親子關係**，不如說是**朋友式祖孫關係**。

這樣下去，男女老少都能用的商品應該就能賣得很好。有些市場行銷負責人會想細分性別、年齡並找出差異，製作符合客層的商品和廣告；但我認為在這個時代，這些工作將會變得愈來愈沒必要。這將會是一個**男女老少同一市場**的時代。如果銷售更多男女老少通用的商品，應該就能增加銷量，降低成本。如果硬要把他們細分，那麼銷量下降、利潤降低是可想而知的。

現在比起男女老少的區隔，在產品上做出品味的區隔更為重要。例如：是喜歡流行時尚的，還是天然製品呢？是喜歡簡約，還是華麗呢？最好先進行這種品味差別的分析比較好。

中年男性居家化

為什麼中年男性對寢具、沙發等物品的消費增加了？

此次的調查是以獨居人士為對象。就算他們工作累了一天回到家，也沒有太太在，也沒有其他會為他們揉揉肩膀、貼個撒隆巴斯，或是鋪被子的人。總而言之，就是身邊沒人打點。所以，他們只能自己照顧自己了。於是，他們就會需要睡覺時可以消除疲憊的棉被、促進睡眠的枕頭。他們認為假日外出也是件累人的事情，所以只想坐在舒適的沙發上聽聽音樂過一天，這促進了中年男性的居家化。

當然，獨居女性同樣有照顧好自己的需求，不過女性在這方面的消費並沒有顯著增加。我想，或許是因為女性本來就有這方面的消費需求，所以近年來的數據就沒什麼增加，但往後仍有進一步研究的必要。

另外，現在也不再是婚後妻子就得單方面照顧丈夫的時代了。愈來愈多夫

妻是妻子也在工作，每天都很疲憊，也就無暇顧及丈夫。

又或是，妻子常會加班到很晚才能回家，這種情況也愈來愈常見，丈夫更需要幫妻子打理生活。

總之就算是夫妻，大多數時間也都是自己一個人待著，在這種前提下，基本上都是自己要照顧自己。這正是我呼籲**生活關懷市場**（請參照第110頁）的原因所在。

2

具有新意識的一代人

在表參道就不自在

有位叫市川紗椰的女模，幾年前我從一本名叫《25ans》（法：Vingt-Cinq ANS）的時尚雜誌知道她。《Vingt-Cinq ANS》是頂級時尚雜誌，叶姐妹也曾登上這本雜誌。該雜誌刊登過很多價格高達幾十萬日圓的服裝和幾百萬日圓的手錶。

市川小姐是出生在美國的混血兒，畢業於哥倫比亞大學，才貌雙全，不過卻是個御宅族。據說她是鐵道迷和鋼彈迷，並因此多次上過電視。說起御宅族，大家都會認為和時尚沾不上邊，這很有趣吧。

有一天，我在電視上看到她接受採訪。主持人問她：「身為一位模特兒，您假日應該會到表參道之類的地方逛街購物吧？」市川卻給了個超級意外的回答：「不會，走在表參道讓我很不自在。」我不由得笑起來，這真是太有意思了。真沒想到 Vingt-Cinq ANS 的模特兒會對表參道感到不自在，真是新鮮。她說，比起表參道，她更喜歡鐵道。

我不知道她這樣說是事先計劃好的，還是完全出自真心。如果是以前的時代，這不符合頂級模特兒的形象，經紀人應該是不會讓自己的模特兒作出這番發言的。

然而，時下這位年輕的女模，而且是Vingt-Cinq ANS的女模，即使說在表參道就不自在，是一名喜歡鐵道和鋼彈的御宅族，也無損自己的形象。不僅如此，反而還提高了人們對她的好感度。現在就是這樣一個時代。也可以說，這是一個女性不再拘泥於女人味框架內的時代了（**↓漂亮的「大叔」**）。

釜范女

我在二〇〇四年出版了一本叫做《「釜范女」時代（暫譯）》的書。所謂釜范女，指的是崇尚釜范弘[1]那樣打扮的年輕女性。她們身著寬鬆的衣服和破洞牛仔褲，戴著平頂草帽或毛線球帽，即使夏天也不摘下來，整個人營造出一種「我活得自由自在」的氛圍。

釜范女從二〇〇〇年初開始出現在街頭。據我觀察，這個現象是發生在一九八〇年到一九九五年間出生的一代身上。

釜范女的時尚從男性的角度看來並不性感。另外，她們會給人這樣一種印象：的確很自由，某種意義上甚至可以說是邋遢，無法好好待在公司上班之類。所以這種時尚在循規蹈矩的上班族眼中，不論男女都不太喜歡。因為看起來散散

1 日本著名音樂人。

漫漫，一點都不幹練。

因此，我在《「釜范女」的時代》這本書中，原本想加入釜范女和辣妹的對談。因為辣妹在大多數男性眼中是性感的象徵，所以我想要是讓釜范女和辣妹對談，辣妹一定會單方面地淩駕於釜范女之上，而釜范女會一直一聲不吭吧。

沒想到，在事前對辣妹的採訪中發現，她們對釜萢女十分憧憬。她們說，釜萢女的時尚很可愛，自己也想試試；但是因為不適合自己，所以做不來。我對此感到驚訝，所以放棄了她們之間的對談。

過了一段時間，辣妹取向的雜誌開始引入釜萢女的時尚。一些長得美身材又好的模特兒，不再穿辣妹那樣的貼身衣服，反而開始穿起寬鬆的衣服、戴起平頂草帽。再過一段時間，幾乎所有的女性時尚雜誌都開始出現釜萢女時尚。現如今，就連貴婦取向的雜誌上，都可以看到釜萢女時尚帶來的影響。想來，最初的釜萢女一代現在也三十幾歲了，到了結婚生小孩的年紀。

的確，如果去東京人們最想居住的地區——人氣還在飆升中的武藏小杉（川崎市），到那裡的購物中心看一看，就會發現很多打扮成釜萢女的時尚媽媽。釜萢女倒成了女性的主流。與之相反，近幾年辣妹取向的雜誌全都停刊了。

為什麼釜萢女會變成主流呢？

不得不說，這是因為釜萢女的時尚穿著更舒適，方便活動、工作，也很方便帶孩子（**↓黑色的媽媽自行車**）。

與此相對，女性化的時尚不方便活動、不方便走路，所以不適合目標是兼顧家庭和工作、積極主動的現代女性。

我也不喜歡太死板的穿著，即使是覺得自己無法做到釜范女時尚的女性，也可以將運動服當作便服穿，看起來也會更時尚吧。

漂亮的「大叔」

大叔自然不會漂亮，雖然應該也是有，但我這裡所說的漂亮的「大叔」，指的是外表漂亮的女性，行為卻像大叔的意思。

自一九八六年《男女雇用機會均等法》施行以來，雖說進展緩慢，但步入社會與男性並肩工作，甚至在企業裡比男性要來得勤奮的優秀女性，正在不斷增加。

這當然很好，不過因為她們在企業裡如同男性一般工作，行事作風也就變得男性化。她們往往活力十足、大聲喧嘩，並會豪放地張口大笑。當然還包括下班後去燒烤店喝生啤酒，累的時候為了快速補充精力吃烤肉或餃子等。所以最近，還出現了很多防止女性吃完烤肉或餃子隔天出現口臭的商品。

從前的女性在笑的時候會掩口，不過現在則不太會看到這種行為了。

在三十年前，每當今井美樹[2]英姿颯爽地出現在媒體上，都會張大了嘴爽朗地笑，並從不掩口。她那充滿健康氣息、男孩子氣的魅力吸引了無數人。從此以後，女性即使開口大笑，也逐漸不再掩口了。

這種女性男性化的趨勢日益增加，據我觀察，女性在張大嘴打哈欠的時候，也不再掩口了。還有，在電車上的時候，也不再併攏膝蓋拘謹地站著或者坐著了。很多女性坐姿也變得隨意了，不再挺直背部，而是佝僂著背坐在那裡。就「維持女性氣質」來說有些令人感歎，但總之，女性變得愈來愈男性化了。

曾令我深感驚訝的有，三年前左右，我有生以來第一次在電車上目擊到有女性大剌剌地擤著鼻涕。那是一位年約三十、外貌亮麗的女性，所以讓我非常震驚。而在去年，我也看到可能是喝醉了的年輕女性，在電車上啐了一口唾沫。

雖然女性都會化妝，不會像大叔那樣拿著手巾擦臉，但應該有很多女性會在電車上用手機看色情漫畫吧。可以說，女性的大叔化已經停不下來了。

❷ 日本女歌手。

暗黑女

伴隨著漂亮的大叔愈來愈多，想進入過去只有大叔才會去的場所的女性也多了起來。比如曾經的黑市、合法或非法的紅燈區、煙花柳巷，現在都變成了酒吧街。

在一個民營鐵路沿線的站前，就有這麼一條酒吧街，大家稱之為「暗黑街」，街上就能看到邊走邊喝酒的女性。這些女性看上去都很年輕漂亮，不像是會來暗黑街的樣子。與其說她們是客人，倒是更像酒館的美女老闆娘。這些女性會喜歡暗黑街，還是讓我覺得有些不可思議。

記得有位女性，才二十歲出頭，就遊歷過全日本的煙花柳巷遺跡。她好像說過對煙花柳巷的建築很著迷，但似乎並不僅僅如此。她似乎更加嚮往那裡曾是煙花柳巷時的氛圍、彌漫整個街道的空氣、當時女性的生活方式，甚至包括她們的言談舉止。

這些女性並沒有反對女性步入社會，也不反對女性有自己的職業、經濟獨立。應該說，完全相反。她們都是公司的正式員工，工作意願強烈。不過，她們卻又很迷戀曾是紅燈區或者煙花柳巷的地區和時代。

這和所謂的女性主義價值觀不同。女性主義否定女性只能透過向男性獻媚來賺錢的時代，追求女性和男性能擁有相同工作的社會。

那麼，如今和男性一樣身為正式員工、並肩工作的女性，為什麼會喜歡暗黑街呢？這是一個我還沒有搞清楚的問題。

黑色的媽媽自行車

最近流行一款年輕媽媽帶孩子騎行的自行車，名叫HYDEE，是普利司通自行車公司的產品。也就是所謂的「媽媽自行車」，還有電動輔助系統。

這款媽媽自行車的確很帥氣，我也一直很想騎騎看。在我養孩子的時候，為什麼就沒有這樣的自行車呢？真讓人羨慕啊！

這款媽媽自行車的帥氣之處就在於它是黑色的。雖然也有灰色的，但據說黑色最受歡迎。設計也很有質感，不像是過去的媽媽用品。

據說，普利司通自行車開發團隊曾經因為無法應對「連載孩子看起來也很美」的需求而感到困惑不已，於是在二年，女性月刊雜誌《VERY》編輯部向該團隊強烈提議：「我們一起做吧。」

為了不影響安全性，追求徹底美觀，他們從零開始開發車身到兒童座椅。除了採用以媽媽騎行為前提的安全設計，也採用了爸爸會喜歡的美式機車風格，

設計出了這款全新的自行車。

豐田公司看見了ＨＹＤＥＥ的熱銷。豐田在開發多功能休旅車（Minivan）「Estima」時，就是借助了《ＶＥＲＹ》的力量。《ＶＥＲＹ》的「辣媽」讀者們原本不懂「Minivan」這個名字是什麼意思，總覺得有種商用車的感覺。

於是，根據這種車有三排座位的特點，就有人提議把名字改叫「三排車」，商標則交給因設計熊本熊而成名的水野學來設計。

其外觀是和ＨＹＤＥＥ同樣的黑

色，他們發現辣媽們認為簡約就是帥氣（**↓簡約一族**），而非去追求雜亂無章的過度裝飾，車上也無須出現象徵地位和財富的配備。

這可以說是汽車公司的習以成性吧，我在別處也曾寫到過。這些就職於世界一流公司的人還沒有注意到自己已經成為特殊群體，用井底之蛙的眼光去看待（＝沒在看）消費者，才會覺得家境比較富裕的媽媽們是喜歡名牌、喜歡裝飾、喜歡地位的（**↓從自我擴張感到自我肯定感**）。

有一個廣告界的玩笑話，就是在豐田的文案中經常使用「凌駕」這個詞；據說只要在他們的電腦鍵盤上敲一下「R」，就會瞬間出現「凌駕」這個詞。不輸給別人、比別人更快、比別人更優秀，是一流企業根深蒂固的價值觀。這以製造安心、安全的汽車而言是件好事，但從消費市場的角度來看，有時會成為一種阻礙。

我有時也會犯這樣的錯誤，不小心帶著先入為主的偏見看問題。或者更應該說，放棄不了那種深信事情原本就是如此的看法。

比如，認為《VERY》這本雜誌是給相對富裕階層的家庭主婦，喜歡名牌、追求性感的女性讀的，其實就是一種偏見。

我曾經有這種先入為主的想法，所以即使工作上有需要，我也不會去讀《VERY》。但其實《VERY》已經在不知不覺中改變了風格。

當我看了最近的《VERY》後，發現裡面有點「不正經」。媽媽們的時尚，不是白色、金黃色或柔和色調，而是黑色、卡其色或迷彩色。髮型也是長髮少、短髮多。戴著釜范女風格的帽子、一副寬鬆打扮的媽媽們還真不少（**↓釜范女**）。雜誌中的女性形象也大多是兼顧工作與家庭的職業女性，而非家庭主婦。以前《VERY》裡的媽媽形象是去私立幼稚園接送孩子，但現在的媽媽只要將孩子交給托兒所，就會直接去上班了；所以雜誌中也介紹到只要髒得不明顯，就可以直接穿著去公司的衣服。真講究實用啊。

這種既追求實用性又追求美觀的價值觀，是和開發黑色媽媽自行車以及Estima的思維有所連貫的。

從POLO衫到破衣爛衫

說起二十世紀八〇年代的年輕人，都很喜歡名牌，很多人都穿雷夫・羅倫（Ralph Lauren）的POLO衫。此外，各式各樣繡著LOGO的POLO衫和網球衫也很受歡迎。

相形之下，現在的年輕人已經不再穿著繡有品牌的衣服了。耐吉、愛迪達、PUMA等運動品牌，或者Patagonia、The North Face等戶外運動品牌雖然人氣依舊，但在休閒服裝中，好像不再流行繡著品牌的衣服了。

當然，即使現在去新宿的伊勢丹，還是看得到帶著小狐狸標誌的「Maison Kitsuné」[3]品牌，但是它的價格高昂，並不像曾經的雷夫・羅倫那樣誰都穿得起了。

所謂的人氣品牌，最初是為了追求和他人之間的差異，才開始受歡迎的；但漸漸地，很多人也開始這麼穿，大家穿著穿著就放下心來，變得只要大家趨近相同調性就感到滿足。

❸ 來自法國的時裝品牌。

與這樣相同格調的品牌服裝相比，近二十年來開始流行起「古著」（舊衣服）。我曾說過，現在的年輕人喜歡穿舊衣服，但是大企業的人都不以為然。他們對此不屑一顧，認為這是極少數年輕人的行為，喜歡古著只是一時流行罷了。

大企業的人大多追求同調性，喜歡名牌。大企業本身就是名牌，當然會這麼想；他們也深信世人都喜歡名牌，所以還是有人會去買雷夫・勞倫那個繡著大大馬球標誌的ＰＯＬＯ衫。我並不信這一套。開個玩笑，如果身上掛著這樣一個大標誌出門，就代表喜歡這個品牌，那麼乾脆把這個馬球標誌刺在身上好了。

但這二十年來，愈是關心時尚的人，就愈傾向追求穿舊衣服。古著雖然乍看之下破破爛爛，但僅此一件所以更具獨特性，這滿足了人們追求差異性的期望。這是一個比起ＰＯＬＯ衫，破衣爛衫更好的時代。

童顏女子

十五年前，我接受某化妝品公司的委託進行了一份調查，分析時尚雜誌、觀察街頭時尚，探索女性對化妝的新需求，並且每月進行呈報（這是我的本業）。

在工作的時候，我和同事們都在想：想要一直看起來年輕、想要皮膚一直保持光滑，這樣的需求能否成為行銷的關鍵字？想要看起來年輕、皮膚光滑這樣的欲求本身，並不只是現代才有的產物，而是一個再自然不過的欲求；但如果不能讓人感受到現代色彩，就無法成為行銷關鍵字。

在一字排開各種林林總總的雜誌資料討論時，我們看到了一本舊雜誌。那是本一九五九年的《日本電影》雜誌，封面上是當時的年輕法國女演員梅琳・狄夢嬌（Mylène Demongeot）。她在這張照片上表情天真無邪，皮膚健康白皙、臉頰微紅（雖然以前的照片是以人工上色就是了），笑容可掬，正好是當時日本年輕女性「想擁有的樣子」。

這個時候有個同事突然說：「那不然這樣吧？就叫做『童顏女子』（Child Woman）。」

於是，〈童顏女子時代〉就成了當時雜誌特輯的名稱。據說現在的電影女演員當中，也流行像孩子般的女性形象。我讀到一篇報導這樣寫道：「雖然看起來稚氣未脫，卻具有俘獲男人心的女性魅力。」

的確如此。不僅要看起來年輕，還想擁有孩子般的肌膚，甚至在精神上都想維持孩子般的天真，這種欲求是當時（也是現在）年輕女性的心理。因此，「童顏女子」這個詞是再適合不過的了。

如果要探索新的時尚，就要讀舊書，這是我一直以來的做法。不管是閱讀江戶時代年輕女性的資料，還是閱讀大正時代到昭和時代的風俗相關資料，都經常讓我覺得，過往和當今時代毫無二致。尤其流行時尚是會不斷循環的，以前的時尚雜誌和電影雜誌經常能發揮作用。

看一看ＡＫＢ48，第一代成員都已經二十八歲左右了。如果在以前的時代，可能已經結婚生兩個孩子了，但是她們看起來仍像高中生一樣。童顏女子真是愈來愈多了（啊，男性可能也是如此）。

派・族・系

我用「派・族・系」這類的詞彙，來梳理不同時代下人際關係「濃度＝束縛度」的演變情形。就像政治家的派別一樣，「派」是透過較強的團隊意識集結在一起的，並希望能夠儘量長久地存續下去，不容許被搶風頭。即使是反體制的集團，也有過「赤軍派」[4]之類的政治集團。如果搶風頭，等著你的就只有死亡了。「派」的更高一級就是「黨」吧。

「族」比「派」稍顯寬鬆自由，且都是一時興起。日本戰後流行過太陽族[5]、原宿族、御幸族[6]、an-non 族[7]、烏鴉族等等。嬉皮和流浪漢也是「族」的一種。

總之，只要一時流行的，就不會永遠持續下去，也不存在不允許搶風頭的情況。所以，不能把「赤軍派」說成「赤軍族」。

但是，an-non 族和烏鴉族（喜好穿著 Comme des Garcons 品牌[8]等黑色且前衛的服飾）的關係卻很緊張，成員間並不和睦，也不會一起行動。

另外，還有雷族、暴走族等騷動不安的「族」，尤其是暴走族，也不太能容許被搶風頭。如果是時代更久遠的「三浦一族」，他們比「派」的關係更強⋯⋯。

但現代的「族」，原則上可用來表示更為自由和暫時性的人際關係。另外，如果社會不夠和平，沒有成為到達某種富裕程度的消費社會，不是一個有流行文化的社會的話，是不會出現「族」這種生態的。所以，日本有很多「族」都出現在戰後。

❹ 活躍於七〇至八〇年代的日本極左派恐怖組織「日本赤軍」的其中一派。

❺ 出自石原慎太郎芥川賞小說《太陽的季節》，指日本五〇年代以享樂主義為風潮的年輕族群。

❻ 日本六〇年代聚集銀座御幸通一帶活動的年輕族群，追求不受成規拘束、自由的行動和思想。其獨有的時尚與街頭文化在日本流行一時。

❼ 日本七〇年代中期至八〇年代因《an-an》與《non.no》時尚雜誌而流行的現象。指會帶著時尚雜誌及觀光指南獨自或幾個人去旅行的年輕女性。

❽ 日本設計師川久保玲創立的潮牌。

而「系」，是一種更加寬鬆、更加淡泊的人際關係。二十世紀九〇年代，音樂領域流行過「澀谷系」，這種音樂本身就是和緩的。這之後，不管是音樂、時尚，還是生活方式，「××系」這種稱呼在各式各樣的領域普及開來。例如追求簡單而精緻生活的族群叫作「生活系」，而不說成「生活派」或「生活族」。也沒有「澀谷派」或「澀谷族」的說法。

「系」之中沒有特定的成員。人們搞不清楚有誰進入，或者有誰退出了。它並不是一個可以進進出出的固定團體（我寫過一本書叫《簡約一族的反叛》，從語感上來講，叫「簡單系」會更正確）。

一般認為，臉書的普及加深了「系」內的關係，另一方面，產生於臉書中的「系」內關係，也藉由臉書變得更加緊密，甚至還會發展到「族」和「派」的程度。舉個不太恰當的例子，我覺得「網路右翼」之類的概念，就接近「族」和「派」。

而且，一般還認為，「系」內的關係比「族」更加長期持久，是一種微弱但長久的關係。因為使用了臉書等社群平臺而使其關係難以消失，似乎也是原因之一。

另外，現代家庭也是一種「族」，說不定也可能是「系」。孩子小的時候另當別論，高中之後，孩子的生活時間和家人不再同步，母親重返職場，家人也不在一起吃飯了。這和共享住宅的人與人之間的生活方式並無二致，只不過是每個人有了單獨的房間而已，廚房、浴廁和客廳都是共享的。或許正因如此，現代年輕人才會不排斥和別人一起住在共享住宅。

隱形泡沫經濟

有次，我碰到一位出生於平成年代的女性。按照現在年輕女性的標準，她算得上標緻，不過穿著打扮則有點「老派」。實際上，她是法律系畢業的才女，但外表看起來卻像個賢妻良母。身上穿著的很女性化的花裙，聽說是在高圓寺的二手衣店買的。

她的父母現在六十歲，大致上和我一樣，都是在日本經濟高度成長期長大的，年輕時都經歷過泡沫經濟時期。這麼說來，在我學生時代，有很多女性的打扮都和她相似。

於是，我問道：「您的母親一定有ＬＶ包包吧？」

答案是肯定的。她母親現年六十歲，有很多個ＬＶ包，說來是會購買ＬＶ的第一代人，從學生、ＯＬ時代起，買的全都是ＬＶ。

「妳去約會的時候，希望男朋友開車來接你嗎？」

「當然！雖然這麼講可能有損形象，但我會希望他開著奧迪來接我。」

你看看！這無疑就是日本泡沫經濟時代的價值觀。讓我想起了在那個年代，年輕男性會被叫作「足男」或「飯男」。順道一提，「足男」是會開車接送女性的男性，「飯男」是會請女性吃飯的男性。近年來，大家時常討論到，現在年輕女性的價值觀已經改變，不再像以前那樣「指望有個這樣的男性」了。但是，似乎也不能完全這麼斷言。

我要強調的是，現在的年輕人當然和以前的年輕人有所不同。大家都說，以前的年輕人是開著車去約會的，現在的年輕人則會在自己家裡約會。這的確是事實，但也有不少人並不這樣做。

這位平成時代出生的女性，她的父母年輕時是處於泡沫經濟時代的一代，自然也是如此。這樣的女性被稱為**泡沫經濟第二代**。他們是年輕時消費慾望旺盛一代的下一代；也因此，他們的價值觀、生活方式就有可能和前一代年輕人（現在四十歲左右，團塊世代的下一代）有所差異。可以說，他們有著隱形泡沫經濟的傾向。

這麼說來，雖然可能是少數，但最近確實流行年輕女性租用高級轎車去參加派對的情況。這種也是偏向泡沫經濟的。就我最近的觀察發現，在澀谷街頭常零星看到一些穿著緊身衣，性感時尚的年輕女性。

但即使如此，年輕人依然是沒有錢的。這或許是這樣一個時代：因為父母曾遇上泡沫化，孩子自然會節儉，而去使用父母以前買的名牌商品。近年來，我經常看見有年輕女性拎著三十年前款式的ＬＶ包。但如果我們將其想成是從商品流通盛行的時代，轉變為存貨活用盛行的時代，也未必是一件壞事。

然而，對於那些只以讓顧客購買新產品做為商業模式的企業（製造商和百貨業）來說，目前是一個嚴峻的時代。據說二〇一六年五月百貨公司的女裝銷售額比二〇一五年下降了一成。現在，愈來愈多年輕女性都很少買新衣服了。

兩位大叔結伴而行

ＪＲ東日本公司的北海道新幹線上的一則廣告曾引發熱議。為什麼？因為這則廣告設定了一個場景——兩位中年男性一起乘坐新幹線去旅行。

在以前，這類旅行廣告大部分都是設定女性，特別是兩到四位年輕女性去旅行的場景，或是中老年夫婦一起去旅行。而這次設定成只有兩位中年男性，是非常少見的。

我不知道是真是假，但根據臉書上的資訊，有個法國人看到這則廣告後說：日本真先進，同志也能出現在廣告上。就連在性方面比日本開放的法國人，都覺得兩位中年男性結伴旅行是件新鮮事。確實，兩位中年男性在過去的場景中多是下班後一起去喝酒，而非旅行。

實際上，學生暫且不提，如果兩個像我這樣的中年男子在業餘時間肩並肩走在銀座大街上，還一起去義大利餐廳吃飯，在過去肯定會被當成同性戀吧。即

使沒被說是同性戀，也會有很多人看不慣。

但現在，到了四十歲還沒有結婚的男性愈來愈多了；即使不是同事關係，兩個大男人一起去義大利餐廳或蛋糕店之類的情形，也愈來愈常見了。

根據統計，四十五～四十九歲的未婚男性，從二〇〇五年的六十八萬人增加到二〇一五年的一百零八萬人；五十～五十四歲的未婚男性，從六十三萬人增加到八十一萬人；四十多歲經歷過離婚、喪偶的男性從二〇〇五年到二〇一五年間增加了五成。這些中年男性「單身人士」在分母上的增加，應該就是ＪＲ東日本公司廣告出現的背景。

中老年「單身人士」的人數

		未婚	未婚	未婚	離婚喪偶	離婚喪偶	離婚喪偶
年		**2005**	**2015**	**2030**	**2005**	**2015**	**2030**
男	**30～34歲**	234	191	161	11	11	9
	35～39歲	138	154	118	17	20	17
	40～44歲	93	145	109	20	31	25
	45～49歲	68	108	110	22	33	33
	50～54歲	63	81	117	30	34	41
	55～59歲	51	61	122	39	34	52
	60～64歲	25	54	91	35	39	47
	65～69歲	13	41	65	33	49	44
女	**30～34歲**	13	41	65	33	49	44
	35～39歲	155	137	119	25	20	18
	40～44歲	49	97	80	37	53	38
	45～49歲	32	68	83	39	53	50
	50～54歲	27	46	90	53	57	63
	55～59歲	27	30	89	76	59	84
	60～64歲	19	26	63	83	80	86
	65～69歲	15	25	42	100	119	92

單位：萬人

註：本資料由作者根據國立社會保障・人口問題研究所《日本未來預計人口》製作而成。

單人燒肉與廁所飯

二〇一五年，日經ＢＰ社出版過一本書，叫《一人外食策略（暫譯）》。該書大量採訪在東京工作的二十～五十歲歲男女獨自外食的情況，發現有許多人表示「不太敢獨自一人進到餐廳裡」。

女性會有這種情況還能理解，但據說有很多四十～五十歲的男性也表示「不曾單獨去餐廳吃晚飯」、「出差時都是去超商買便當回商務飯店吃」等等。

根據網路行銷公司生活傳媒（Life Media Ltd.）的調查，「不曾」和「幾乎不曾」獨自在外用餐的男性總和高達46％。「無法」獨自在外用餐和對在外用餐「感到抗拒」的男性總和也高達37％。

三十多年前，日語中就有「個食」、「孤食」這兩個詞，但是他們所說的「不太敢獨自用餐」，又是怎麼一回事呢？與現在五十～六十歲的人相比，五十歲以下的族群中，學生時代就離家在外生活的人減少了，出社會後還住在家裡的人增加了。所以，年輕時就曾經獨自在外用餐的人可能也在減少。因此，即使到了三、四十歲，也還是不太敢獨自一人在外用餐。

確實，最近在豬排店之類的地方很少看到三十歲以下的男性單獨用餐。雖然收入減少也是一個原因，但更大的原因是因為他們很難獨自一人進到這種餐廳裡。

另外，**廁所飯**也曾經成為話題。這指的是學生因為不想讓人看到自己一個人在學生餐廳吃飯，而躲到廁所裡吃飯的現象。據說是因為他們認為，如果一個人吃飯，會被人當作自己沒朋友。但比起來，如果被人看到自己一個人在廁所裡吃飯，那應該會更討厭吧。

「一個人」往往還會被和「**孤單**」畫上等號，好像一個人就代表不好。因為這種時代情結，人們才會把超商的便當或速食買回家吃，或是到自己一個人去也不尷尬的速食店用餐。

兩位大叔結伴而行去吃晚餐的情況似乎愈來愈常見，這實際上也可能是因為會獨自吃飯的人正在減少。

另一方面，**單人燒肉**最近也引起話題。一提到吃燒肉，給人的印象往往是幾個人一邊聊天一邊吃，但據說會一個人去吃燒肉的人在最近不斷增加。會獨自一人用餐的人，以及無法獨自用餐的人（或是不想被人看到獨自用餐的人），目前出現了明顯的兩極化。這真是一個複雜的時代。

文化系大叔

日本有個詞叫**文化系宅女**，是指熱衷於動漫等文化、對時尚和美容不怎麼關心，或者在社交和異性交往方面沒自信、不太注重打扮的年輕女性。總之，就是女性御宅族。**釜范女**（第73頁）打扮的女性也經常被當作是這類**文化系宅女**。

我發現最近有個叫「文化系大叔」的族群也在增加。因為是大叔的緣故，所以他們原本就不關心時尚和美容，而是關心音樂、電影、美術、閱讀等文化相關活動，大部分收入都用於文化消費。因此他們雖然也關心動漫和運動，但又會看不起只關心這些的人。

他們並非沒有社交能力，有些人很看重日本國內設計師品牌，對時尚也有一定程度的瞭解。此外，他們也並非不在乎是否受異性歡迎，但卻會輕視只關心動漫、運動的女性，喜歡追求在音樂、電影、美術、閱讀方面和他們有共同話題的女性。

這類男性大多出生在團塊世代和團塊二代之間，現年約五十歲。從音樂的角度來說，他們比以披頭士和民謠為代表的團塊世代更年輕。他們喜歡的音樂種類豐富，涉獵廣泛，例如：重金屬、前衛搖滾、電子合成流行音樂、民族音樂，當然還包括爵士樂、古典樂等。特別是平克・佛洛伊德（Pink Floyd）和緋紅之王（King Crimson）等樂團的音樂，是文化系大叔們的必備選項。

他們的共同點是很多人都喜歡深紫（Deep Purple）等樂團的重金屬音樂，只是程度不同而已。所以，最近有很多文化系大叔都去支持一個名為「Baby Metal」的女子重金屬人氣樂團。

由於文化系大叔的關注，最近黑膠唱片的市場正在不斷擴大。他們不用CD或下載的方式，而是喜愛用老式的黑膠唱片聽音樂（**↓自主參與性**）。聽黑膠唱片聽音樂似乎能讓人消除疲勞，非常適合這些年近花甲的文化系大叔。

一開始只是一般消費者會去搜尋二手黑膠唱片，但近來音樂業界也開始著眼於此，開始復刻銷售起過去曾發行過的黑膠唱片。這種風潮始於爵士樂，而從二〇一六年開始，也有許多搖滾樂黑膠唱片復刻發行。

3

少子高齡社會的
兩性與家庭

生活關懷

在現代社會，特別是在少子高齡化社會，「照顧」的問題與「共享」同樣重要。也可以說，關懷是目的，共享是照顧的一種手段。

提到關懷，可能首先想到的是對老年人的看護等醫療福利吧。我在這裡所說的關懷不光指這些，道路和建築物增設無障礙設施、**傾聽**、養護、飲食都屬於「關懷」。

不僅是老年人，四五十歲的單身家庭和未婚人士目前也在增加（**↓兩位大叔結伴而行**）。這些「單身人士」必須自己關懷自己。

下班回來，感覺肩膀酸痛，也沒人幫忙捶一捶，就連自己想貼個撒隆巴斯也貼不好；累了也沒人幫忙做飯；感冒了也沒有像電視廣告裡演的會有美麗太太拿出藥來。

單身人士在生活各方面都不得不自己關懷自己。這樣的人會愈來愈多，所以才愈來愈需要與自我關懷相關的商品和商業活動。

我把這種市場稱為**生活關懷市場**（《今後十年一千四百萬團塊二代將成為核心市場！（暫譯）》）。從那時起，我開始關心這類生活關懷（Lifestyle Care）所需的商品、商業活動、街區建設、政策等。本書提到的**社區便利站**（第208頁）、**社區流動公車**（第216頁）、**以事易事和時間儲蓄**（第119頁）也是生活關懷的幾個環節。

年輕人是稀有金屬

就這個話題，我問過一位專門研究年輕人的大學研究員。

他說，二十世紀六〇年代的年輕人是「政治的主體」，當時盛行學生運動；而在七〇年代到八〇年代，年輕人變成了「消費的主體」。那是一個追求品牌商品的年輕人增加的時代。

他還說，日本泡沫經濟崩潰後，就業市場也陷入了冰河期，愈來愈多年輕人無法取得正職工作。自由業者和尼特族也成為社會問題。換而言之，這位研究員分析道，從二十世紀九〇年代末開始，年輕人似乎變成了「社會的負擔」。

但是，我認為今後年輕人的地位將會有所變化，不，應該說，已經處於變化之中了。年輕人今後會成為「稀有金屬」，這代表青年人口減少、勞動力不足，以稀為貴的意思。

雖說還是有中老年人能做的工作，機械化也在發展，但還是有不少工作更適合年輕人去做。然而因為年輕人正在不斷減少，所以企業將會相互爭搶年輕人。

實際上，最近鐘點人員的時薪在調整，我認為，這與其說是安倍經濟學的作用，倒不如說是年輕人的勞動力不足導致的。所以想藉由調漲工資多雇用年輕人的企業才會增加。

三個老年人支撐一個年輕人

現在的日本，能就職的適齡人口（＝生產年齡人口。十五歲到六十四歲）正在減少，老年人（六十五歲以上）正在增加。所以，所以十個勞動人口必須支撐至少四個以上的老年人口。據推測，到二〇六〇年，要支撐的老年人口會達到至少八個人。這對於勞動人口來說，負擔真是太大了。

所以，現在的日本政府、財務省和厚生勞動省等部門可能都在偷偷規劃，要將老年人定義為七十五歲以上；而且因為現在幾乎沒有十五歲就開始工作的人，勞動人口可能會重新定義為二十歲到七十四歲。這樣一來，就會變成十個勞動人口支撐兩個左右的老年人了。即使到了二〇六〇年，也只會變成十個勞動人口支撐四個以上的老年人，就和現在一樣。如果六十五歲到七十四歲想工作的人有所增長，到二〇六〇年，就能維持十個勞動人口支撐四個老年人的社會（參照三浦展《日本的地價降至三分之一！（暫譯）》）。

現在二十多歲年輕人的數量是一千兩百萬人左右，而六十五歲以上的老年人有三千四百萬人，所以年輕人與老年人的比例大約是一比三。在社會福利工作等方面，主要也是年輕人在支撐老年人，所以相當於一個人得養活三個人，極為辛苦。

但是，如果將逐漸增加的老年人視為資源，將逐漸減少的年輕人視為稀有金屬（**↓年輕人是稀有金屬**），就能打造出每三個老年人支撐一個年輕人的社會。老年人也不想被人說成是社會負擔。也有些工作正是由老年人才能做得來。將這樣的三個老年人集中起來，應該能夠支撐一個年輕人。

比如，老年人可以幫年輕人照顧孩子、當保姆、給孩子講故事，提供托育支援；或是幫雙薪家庭、獨自生活所以吃得不好的年輕人做便宜好吃的家常料理；將工作期間建立的人脈、獲得的知識技術傳授給青年創業者；獨居老人也可以將自家閒置的房間租給年輕人住……等等。

現在的年輕人沒有錢，又很難找到正職工作；即使找到正職工作，薪水也不怎麼高。所以他們很難結婚，也無法生小孩。想要斬除這個惡性循環，就需要這種機制：將三個老年人集中起來，逐步完成自己力所能及的事情，去支撐一個年輕人。

受限員工

我說的不是約聘員工（日：契約社員），而是受限員工（日：制約社員），意思是指工作上無法不受限制的員工，這是勞動經濟學家今野浩一郎造的詞（《正社員消滅時代的人事改革　將制約社員轉化為戰力的結構（暫譯）》，日本經濟新聞出版社，二〇一二年）。

以前的男性員工工作上往往沒有限制，也就是說，不管加班、週末上班、單身赴任等，不管在何時何地收到命令，都會立刻接受工作的不受限員工。

但現在無論男女，都必須在工作同時一邊養育孩子、一邊照顧老人，這樣的人愈來愈多。有人到了中年，甚至得一邊對抗病魔一邊工作。由於日本「一億總活躍[1]」的政策，愈來愈多人過了六十五歲還在工作；這些人無法長時間勞動，

❶ 日本首相安倍晉三打出的政策，旨在建立一個全日本的人口都能活躍於職場與家庭中的社會。

而且每天工作身體也會吃不消。

總而言之，現在是個大部分人在工作時都會受到養育孩子、照顧老人、健康、體力等各方面限制的時代。所以，我們應該建立一個具備彈性、讓這些受限員工能夠舒適健康的工作的組織或社會。

以事易事和時間儲蓄

我曾經幫一部電影的宣傳手冊寫過一篇文章，電影名稱叫《巴黎窈窕熟女》。故事以法國的養老屋買賣（Viager）制度為契機展開。所謂的「養老屋買賣」，是一種可以低價購入屋主尚居其中的房屋的制度。因此屋主主要會是老年人，一般情況下要在原屋主去世後，才可以繼承該房產。

在這部電影中，養老屋買賣的物件位於巴黎瑪黑區，是棟有院子、在日本不太常見的豪華公寓。一位中年男子要從他父親以前的情人，一位九十二歲的女性那裡繼承它。

瑪黑區和聖日爾曼德佩區（Saint Germain des Prés）一樣，都是我非常喜歡的地區。從龐畢度中心一直延伸到畢卡索美術館附近，街上有不少傢俱行和畫廊，可以愜意地邊走邊看。我曾去過在電影中出現的那家傢俱行，還在它附近一家舊書店買過攝影集。

這些暫且不談，看完電影後，我注意到一個細節：這位住在公寓裡的女性會在自家開設英語會話班，學生們會則會給她牡蠣和自製醬汁，或是擔任她的主治醫師做為回報。

其中理應繼承財產的主角有句臺詞：「這是技能交換嗎？」技能交換並不是以物易物，而是**以事易事**。這和大城市中心的普通鄰里關係不同，但也並非完全靠以金錢購買物品來維持生活。巴黎在十九世紀末成為世界一流的消費都市，其後有大批藝術家匯聚於巴黎；如今，在巴黎生活本身就是一種藝術。乍看之下，在這座城市裡無論有多少錢都不夠花，但在這背後卻存在這種生活訣竅，真是令我佩服。

電影中，這位九十二歲的女性自己用小型手推車將葡萄酒送到餐桌上。雖然她獨自生活，卻藉由和大家交換技能自力更生。而且即使她連房子也賣掉了，卻可以一直住在裡面；雖然上了年紀，卻可以用自己能力所及的事和別人進行交換（共享），幸福地活著。

另外，據說在荷蘭的阿姆斯特丹附近有一家名為「馬尼塔斯」（Humanitas）的退休之家，只要滿足一個簡單的條件，大學生也能免費住在那裡。條件就是每個月和入住的老人共處三十個小時。在這個機構中住著六位大學生和一百六十位老人。大學生不只要準備老人們的餐食，還要和他們在床邊閒聊、參加他們的生日派對，或是教他們怎麼用電腦。

日本的**SHARE金澤共生社區**也施行了這種方式（參照三浦展《在下流時代，也要做幸福老人》）。在那裡，有許多金澤的美術大學學生住在附設畫室的房子裡。雖說是房子，但他們其實是寄宿在露營車裡，而在旁邊有個畫室。像這種附設畫室的露營車，每個月只要用三萬日圓就能租到，可說是相當便宜。做為交換，學生們需要為住在SHARE金澤的殘障人士和老年人提供相當於三萬日圓的志工服務。

我第一次得知這種以事易事，是NHK新聞台報導了上海某個大型公營住宅區裡的「**時間儲蓄**」服務。大型社區裡居民之間人情淡薄，因此才會有這種機制：只要替某個人做自己能做的事情，就能以小時為單位儲存自己的技能。只要使用這份儲蓄，下次就能獲得其他人的幫助。

之後不久，我又得知在茨城縣取手市有個都市再生機構（UR）[2]井野公營住宅區的活動。在那邊設立了一間叫做「**得意銀行**」的銀行，這家銀行並不是用來存錢的，而是一家儲蓄自己「得意技能」的銀行。因為儲存的是井野公營住宅區居民的得意技能，所以才叫「得意銀行」。

它和上海的那個大型公營住宅區有著相同機制。例如你貢獻一小時做菜的技能，就能學一小時的英語會話，像這樣以時間為單位和別人進行技能交換。這個機制可以促進居民間的交流，形成社群。

這麼說來，也常有人說這算得上是一種**地區貨幣**。雖然說成地區貨幣也沒什麼不好，但就我所知，如果要以地區貨幣來算，教授一小時英語和做一小時菜之間是有價差的。而且，所獲得的地區貨幣要能用於商店街購物等用途。這樣的話，就必須比較英語會話、做菜和一百克豬肉的價值，非常麻煩。

相反地，如果是時間儲蓄的話，則不管是英語會話、做菜、清潔打掃還是唱歌，只要是一個小時單位，價值就都是相等的，而且不得用來交換商店街的商品。這樣一來，進行技能交換就更加容易了。這應該是一大優點。我知道有人導入地區貨幣卻失敗的案例，但如果改用時間儲蓄來算，或許就能順利進行吧。

麥克安迪（Michael Ende）[3]在作品《默默》中描述，經營時間儲蓄銀行的灰色男人們偷走人們的時間，使人們的內心喪失餘裕。而這裡所說的時間儲蓄正好相反，是可以給人們的內心和荷包帶來餘裕與幸福的吧。

❷ 獨立行政法人都市再生機構（Urban Renaissance Agency，簡稱ＵＲ）。日本國土交通省管轄之獨立行政法人，主要負責都市開發、都市再生等任務。

❸ 德國當代奇幻小說和兒童文學作家。

寬鬆式大家庭

最近，政府提倡和鼓勵三代同堂，在經濟方面也給予優待。這確實對經濟大有幫助，如此一來，新家庭也能夠期待獲得育兒補助，再生第二胎。

再者，如果從地方政府的角度來看，增加三代同堂的數量，能夠使勞動人口不再流向都市中心，而是留在地方，或是從都市中心回流到地方。這樣還有能讓地方增加稅收的好處。我想，這應該是政府獎勵三代同堂的一大要因。

當然，其中也存在自民黨保守派期望大家族主義的因素。他們期待這樣做能讓孩子更方便照護父母。在既有的價值觀中，原本就強烈認為孩子有贍養父母的義務，保守派們也盤算著要讓孩子居家照護父母，好削減社福預算。

然而，如果父母和孩子距離太近，彼此之間都會不自在。事實上，有很多父母和孩子都認為，比起住在同一屋簷下，住在附近比較好。如果父母和孩子住在同一個城市，或是同一條交通路線上，那太剛好了。比方說，父母住在所澤，孩子住在同一條西武線上的練馬；父母住在調布，孩子就住在同一條京王線上的府中。如果是這種「三代近堂」，倒是好處多多。這樣孩子可以時常帶孫子去爺爺奶奶家玩、一起吃飯，在緊急關頭相互照應，爺爺奶奶也可以幫忙顧孫子等等。

我將這種現象稱為「寬鬆式大家庭」。我認為，比起令人拘束的三代同堂，寬鬆式大家庭更適合現代人。

2・5代同堂

日本有兩代同堂和三代同堂的說法，但是所謂2・5代同堂指的是什麼呢？兩代同堂是指父母那一代及其孩子這一代（已結婚的夫妻）住在一起，三代同堂是指兩代同堂中已結婚的夫妻那代又生了孩子（對夫妻的父母而言是孫子輩），也依然同住的情況。

2・5代同堂則是指兩個家庭（或三代人）同堂，再加上第一代的單身孩子（即已婚第二代的兄弟姐妹）也住在一起的情況。在人口普查時，這些單身孩子因為和父母同住，不會被視為獨立的家庭。

但是，從「『家庭』是指能夠獨立負擔家計的群體」這個定義來看，如果收入和支出是和父母分開來，還分攤了一定的電費和水費等等的話，也可以稱之為家庭。於是強推兩代同堂住宅的房地產開發商——旭化成公司就提議，姑且把這些家計半獨立的單身孩子算成0・5個家庭吧。

雖然無法統計究竟有多少戶2・5家庭，但是根據三菱綜合研究所「居民市場預測體系」的調查，在三十~五十九的未婚男女中，有44％是和父母同住；其中也有一定比例是和已婚兄弟姐妹同住。

另外，在三十~五十九歲的已婚人士中，和父母同住的人約占12％，其中也有一定比例是和自己的兄弟姐妹同住的。

最近甚至還有很多離婚後回到原生家庭的人，在三十~五十九歲離異的男女中，有15％是和父母同住。同樣還有6％的人是在喪偶後和父母同住。

和父母同住的未婚成年人，山田昌弘將其命名為**單身寄生族**（Parasite Single），現如今的單身寄生族，不僅包括二十~三十九歲的未婚人士，還可能包括四十多歲的單親媽媽、五十多歲的喪偶人士。

這麼說來，在我工作地點附近的住宅區，有某戶人家掛著三個門牌。父母家、女兒及女婿家要掛兩個門牌，這可以理解，第三個門牌是怎麼回事呢？我猜想，是另一個女兒和她的丈夫分居，但還沒有正式離婚就暫時回娘家住了吧。

逆老老照護、老老內照護、朋友照護

老老照護是指像是六十五歲以上的女兒照顧九十歲以上的母親這種狀況。但我認為，今後九十歲以上的母親照顧六十五歲以上女兒的情況應該也會增加。我將它命名為**逆老老照護**。

根據三菱綜合研究所針對三萬人的「居民市場預測體系」調查中的「老年人調查」，八十歲以上還在照護家人的比例占8.9％，這些負責照護的老人中，有8.5％是在照護自己的孩子！

實際上，社會上存在才五十多歲、還稱不上老人就先於父母撒手人寰的情況，我身邊也有些這樣的例子。還有很多孩子因病住院，得由年邁的父母看護之類的情況。

姑且不論一個八十歲的母親去看護五十歲的兒子，一個八十歲的父親去看護五十歲女兒的情況，今後應該也有可能增加。因為整體看來，女性和男性一樣工作、喝酒、抽煙、承受工作壓力，導致身體變差的情況不斷增加。

另外，就日本經濟成長的意義上而言，女性和男性並肩工作，努力賺取更多收入、提升消費也是好事。但為了不妨礙年輕一代的工作和消費，讓他們能夠專心養兒育女，就這層意義上來說，父母一輩的老年人彼此互相照顧、照護的需求應該會不斷增加。

我的母親到八十五歲之前都是獨自在家生活，後來因為不良於行，就請了一位女性看護來協助她打理生活。而且，這位女性看護已經八十八歲了。雖然這也和老老照護沒什麼兩樣，但稱之為**老老內照護**會更加貼切。

再過十年，團塊世代就會變成「老老年人」（七十五～八十四歲），需要支援和照護的人也會增加。不過，此時這群人不應該向他們的孩子尋求支援和照護。因為他們的孩子正好處於五十歲左右，處於拼事業的最後階段。這群人應該儘可能彼此照顧，這樣對兒女輩和整個社會來說會更有幫助。我希望七十五歲的族群、八十五歲的族群能彼此老老內照護、互相幫助。對於曾經被稱為**朋友式夫**

妻、**朋友式親子**的這一代人，希望他們也能和朋友發展出「**朋友式照護**」。企業也有必要開發出能滿足此項需求的商品。

有償聊天

隨著超高齡社會的發展，我也開始不斷地思考老年人相關問題。雖然問題有很多層面，但最重要的問題之一就是「聊天」。老年人，尤其是女性，特別渴望跟人聊天，希望有人聆聽自己說話。最近常常在呼籲**傾聽**的重要性。於是，負責傾聽對方說話的志工就應運而生。

雖說如此，但也不可能就讓「傾聽志工」每天都去聽老人說話。如何增加他們和平日遇到的人交流的機會，還是更為重要。

例如，聽負責提供公營住宅區老人生活支援的某個非營利組織（NPO）人員說，他們的組織正在提供一種服務，幫去購物的老奶奶送貨到家。據他說，幫她們送貨到家，得花上三十分鐘時間，弄不好還可能會花上一小時。

為什麼需要那麼長的時間呢？因為老奶奶會說「唉呀，謝謝你常來幫忙」、「坐下來喝點茶吧」等等，邀請你到家裡坐坐。這時你就得切換到傾聽模式，乖乖聽她講話。令人比較苦惱的是，幾乎每次都在講一樣的事情。這樣一來，一天只能去送三家左右。雖然效率很低，但作為NPO，也只能好好傾聽了。

我在《在下流時代，也要做幸福老人》中介紹過金澤市的SHARE金澤共生社區，其中也有便當配送服務，幫忙送飯到一些行動稍有不便的人家裡。這些人去配送便當時也會認真地傾聽老奶奶說話。據說他們就算聽了很多次重複的話，也不會感到痛苦，反而很願意傾聽。

這種慢條斯理的工作在效率至上的民間企業是不可能有的。超商和外送人員向老年人提供便當和商品宅配服務時，理應是不會花費三十分鐘甚至一小時聽老奶奶說話的。

雖然理應不會，但郵局就推行了老年人關懷服務。郵務人員會去探視獨居老人，確認他們的生活狀況。不過這個是要收費的，每月一次三十分鐘一千九百八十日圓。雖然讓人心裡感覺有點彆扭，覺得郵局還真會打小算盤，但如果老年人和他們的家人都能接受的話，這種有償服務也不錯。今後靠聽老年人說話賺錢，會逐漸成為一門生意。

這對大都市忙碌的快遞人員來說是辦不到的；但在人口較少、郵件不多的地區，這種生意是可行的。當然，在都市裡肯定也有這種需求，今後應該還是會出現著眼於此的產業。

男女老少共學

有個詞叫男女共學，但是我認為今後是「男女老少共學」的時代。老年人擁有年輕人所沒有的知識和經驗。可能包括像是如何做出美味的家常菜、如何醃漬梅子等等不足稱道的知識和經驗。

當然，老年人也能夠分享去國外工作的體驗、研發技術的辛勞、戰爭中的故事等等各式各樣的經驗。

另一方面，年輕人則可以教老年人他們不擅長的知識，像是如何使用智慧手機和臉書、如何下載音訊等。

這樣男女老少之間互相分享知識和經驗、共同學習的模式，就是**男女老少共學**（**↓以事易事和時間儲蓄**）。

這種學習方式是需要場所的。之後講到的**社區便利站**，不只是賣東西和吃飯的地方，也可以用來做為男女老少共學的場所（**↓社區便利站、新鄰里關係**）。

社會育兒

我從廣播裡聽到，有某位知名時裝女模，會在和她同住一棟大廈裡的女演員外出時，幫忙照看她的孩子。這種以前才有的鄰里關係，正在同住一棟市中心大廈的名流間發生。

不僅是名流，想擁有這種關係的人也在增加，特別是那些獨立創業的媽媽更是如此。在日本的托兒所入園審查中，會以在市中心有正職工作的女性為優先。我說的獨立創業，指的不是地方上蔬果攤或魚攤的老闆，而是指像建築師之類會在全國各地飛來飛去的女性，這樣的人愈來愈多了。然而，政府卻將這些獨立創業人士的地位一律置於受雇員工之後，這完全是過時的想法。

所以，這些獨立創業的媽媽們非常期盼能獲得良好的幫助；甚至有媽媽因為自己的孩子擠不進托兒所，而想自己開一家托兒所。

現在的年輕人不只重視物質消費或休閒時光，他們也很想做一些對社會有意義的事情。所以，經常會有人想靠自己的力量開一家自己方便、別人也方便的托兒所。

養育孩子本來就具有社會性質，是在社區人與人之間的關係中進行的。孩子則是透過和其他孩子一起玩，才能漸漸掌握社會化的技能。

戰後日本養育孩子的方式有很大的變化，在公營住宅、公寓大廈等封閉空間中，只有媽媽和孩子大眼瞪小眼。這導致媽媽養育孩子的壓力愈來愈大，孩子有溝通障礙的情況也在增加。

所以現在的媽媽們，才會想將孩子放到社區人與人之間的關係中進行社會育兒，這真是非常周到的想法。

晚間育兒支援和新型父子家庭

說到托育支援，大家首先會想到白天的情況。但事實上，對現代的媽媽來說，晚間也需要援助。

我自詡是「元祖超級奶爸」。二十三年前，也就是我女兒出生後一年半左右，我每週都有兩天要負責到托兒所接送她兩。送孩子還好，去接孩子真的非常辛苦。要準時下班，像兔子一樣奔向托兒所，接孩子回家後還要做飯。不管下雨、下雪，都是如此（媽媽們應該都習以為常了）。

這樣的生活之中，最令我最鬱悶的就是晚上不能去喝一杯了。對上班族而言，能在下班後去喝一杯是相當紓壓的，但我卻不能去。雖然每週只負責接送兩天，但也得在太太負責接送的那幾天加班完成累積下來的工作，完全沒有多餘的時間。持續接送半年後，才久久和上司去喝了一杯，不勝感慨。

現如今已經成為媽媽的女性，從大學畢業到生下孩子的十年間，是和男性一樣要工作，也和男性一樣晚上要出去應酬的。一旦她們有了孩子，就瞬間失去了這種「夜生活」，自然也會有人對此心存不滿。

夜生活不單單能紓壓，還是一個獲取工作發展有利資訊的機會。對從事食品、餐飲等相關工作的人而言，這種直接交流的時間是必要的；對於從事行銷、商品開發、出版，甚至廣告、設計和建築工作的人來說，晚上出去喝一杯也是非常重要的。難以擁有這樣的時間，會造成一種精神壓力。

我偶爾會邀請一些熟識的媽媽們晚上出去喝幾杯，當然有經過她們丈夫的同意。我推薦的小店都是品質保證。當然，大多是我請客，而不是AA制。我從這些積極工作的媽媽身上，獲得了不少朝氣、新的啟發和新資訊。和我這樣多少有點人生經驗和知識的人說說話，對她們來說也是有點幫助的吧。對彼此都有好處，這就是所謂的**晚間育兒支援**。

另一方面，爸爸們的生活方式也在改變。媽媽出去工作、爸爸在家顧小孩的情況變多了，所以陪孩子過週末的爸爸也愈來愈常見。我想這可能是因為有很多女性從事零售業、房地產顧問、美容美髮等週末也要上班的工作。當媽媽週末去工作，爸爸就自己和孩子一起過。如果看看週末的公園，就會發現帶孩子的爸爸比帶孩子的媽媽更多。

在過去，爸爸是工作狂所以不怎麼回家的家庭，曾經被稱為母子家庭。而現在的週末則常出現父子家庭，也就是**新型父子家庭**。

熟年婚姻

很久以前就已經出現了熟年離婚這個詞彙，但未來將是「熟年婚姻」的時代。

如同〈**兩位大叔結伴而行**〉中所寫，近年來無論男女，中老年未婚人數和離婚喪偶人數都有所增加，今後還會進一步增加。

熟年婚姻雖然大部分是中老年後再婚，但到了熟年才第一次結婚的人數也在增加，這是可想而知的。

實際上，從統計資料可得知，四十～五十九歲初婚或再婚的男性，在二〇〇〇年是五萬七千三百多人，而在二〇一四年則增加到八萬五千多人。四十～五十九歲歲初婚或再婚的女性也由二〇一四年的兩萬九千六百多人增加到四萬八千兩百多人。

另一方面，在二〇一四年，四十～五十九歲離婚的男性是六萬六千兩百多

40～59 歲男女結婚和離婚的人數

	夫	妻	夫	妻
年	**初婚・再婚**	**初婚・再婚**	**初婚・再婚**	**初婚・再婚**
1950	15568	5059	9226	4775
1955	14315	5139	8286	4640
1960	15469	6538	6482	4119
1965	19060	10466	7059	4983
1970	20633	12953	9781	7068
1975	21789	14742	15216	10835
1980	21605	14797	23381	17089
1985	29010	19064	38037	28958
1990	43319	24633	38779	29719
1995	51909	27913	50583	39292
2000	57343	29652	68608	52788
2005	64612	33514	71009	55868
2010	70893	40017	71812	58524
2014	80546	48243	66225	56813
				單位：萬人

註：資料由作者三浦展根據厚生勞動省《人口動態統計》製作而成

人，女性是五萬六千八百多人，近年來增幅不大，還有減少的趨勢。

所以，四十~五十九歲結婚的男性人數大於離婚的人數，女性結婚的人數也逐漸接近離婚的人數。

離婚人數之所以增幅不大，與其說是夫妻和睦的人數在增加，倒不如說是因為分母的四十~五十九歲的人數和夫妻的總人數減少。於是，當晚婚的情況達到巔峰的時候，四十~五十九歲結婚的人數反而增加了。

拙著《在下流時代，也要做幸福老人》中問卷調查的結果，就曾證實這一點：有配偶的人幸福程度遠高於沒有配偶的人，男性尤其如此。所以我認為，不管是四十多歲，還是五十多歲，甚至是六十歲以上，只要有合適的對象，能結婚也很不錯。

和爸媽一起洗澡的國中生

最近有件事蔚為話題：有的孩子都上國中了，還會和爸媽一起洗澡。市場行銷作家牛窪惠女士在電視上說：「在某私立男校的一個國中二年級班上，有大約一半的學生會跟媽媽一起洗澡。一般的調查顯示，小學五六年級男生之中，會和媽媽或其他家人一起洗澡的人約占三成，國中生之中約占兩成。某商業雜誌曾在一所知名私立男校中，以讓學生趴在桌上舉手的方式進行調查。當要調查的問題都問完之後，因為還有一些時間，老師就半開玩笑地問道：『誰會和媽媽一起洗澡？』結果有一半學生都舉手，老師因此嚇了一大跳，趕快叫學生都把手放下。」

我也聽說過有已經是國中生的女兒和父親一起洗澡，連到了高中都還是如此。雖說這是因為親子關係融洽，但也融洽過了頭。牛窪女士將其稱為**戀親**。父母當然很愛孩子的，但如果到**戀子（女）**的程度就太超過了，父母和孩子之間過度失去距離。

在二十年前有一種說法，說現代人的年齡相當於以前的八成或七成，而我認為應該是以前的六成，這些人可稱為**六成世代**。也就是說，現在的二十歲相當於以前的十二歲，三十歲相當於以前的十八歲，三十五歲相當於以前的二十一歲。所以，現在的三十五歲才相當於成年。（參照三浦展《新人類、為人父母！》之〈**三十五歲成人說**〉）。

以前很多人在二十歲左右就會生兒育女，現在則一般是到三十五歲才會有第一個孩子。一個十四歲的國中生相當於以前的八九歲小孩，所以會和爸媽一起洗澡也能理解（這麼說來，現在的十八歲大概是以前的十一歲，這樣可以給他們投票權嗎？）想想，在我提出「三十五歲成人說」時結婚生子的人，他們的孩子應該都是國中生了，屬於「六成世代」的第二代。

最近，基於安保法和憲法修正等原因，有些人愈來愈擔心徵兵制會捲土重來。但如果孩子和父母像這樣黏在一起，是不可能實施徵兵的吧。如果兒子被徵召，媽媽肯定會自告奮勇地要代替孩子去。和平固然重要，父母還是要在養育孩子的時候，考慮一下孩子是否能獨立的問題比較好。

失親之痛

以前，孩子一講到父母就嫌煩，特別是父親這個存在，更是惹人厭。但或許因為團塊世代為人父母後，養育孩子的方式不再是壓抑孩子，而是轉為尊重孩子的自主性和個性，所以這個時代的孩子也不再討厭父母了。相反地，喜歡父母的孩子數量則有所增加。

但是，團塊世代也將近七十歲了，他們的孩子也已經超過四十歲。父母年事已高，孩子也已經邁入中年，真是歲月不饒人。

父母年過七十後，會出現各種狀況，例如：生病、視力退化、跌倒骨折等等。其中長期住院的人逐漸增加，死亡的情況當然也連帶增加。

深愛的父母病重，甚至去世，這個時候孩子會怎麼樣？他們會產生強烈的失落感，這就是所謂的「**失親之痛**」。

實際上，我的一位男性友人，父母是團塊世代，自己是團塊二代，最近就經歷了這種失親之痛。

我有些工作想請他幫忙，就用臉書聯繫他，但始終沒有聯繫上。過了三個月，他才回訊息說，因為父母都住院了，他受到很大的打擊，才沒能即時回覆我。

我說那就等他生活比較平靜之後再說，但過了一陣子之後再聯繫他工作上的事，依然沒有獲得回覆。不得已之下，我打電話到他的公司詢問，但他卻已經離職了。我很擔心，猜想他可能是為了照顧父母才離職的，結果聽說他的母親最後還是去世了。

我想，父母的生老病死理所當然會帶給他衝擊，但為此連工作上的聯繫都不顧，這讓我感到有點驚訝。如果是以前，應該有很多人會為家裡的死老頭終於翹辮子而鬆一口氣；相比之下，因父母過世而導致無法正常工作，果然是因為親子關係實在太緊密了。

有人說，團塊二代必須一邊工作、一邊進行**雙重照顧**，既要養育孩子又要看護老人。除了緩解他們經濟和身體上的負擔，也應該要在心理方面給予關懷。

但據說在企業中，有歧視孕婦、歧視看護等現象，就是指刁難懷孕的女員工或是因看護而不能全心投入工作的男員工，真是豈有此理。如果想得到優秀的人才，就要制定一個能雙重照顧的員工制度吧。

這麼說來，我又想到一件事：有位知名的歌劇女演員要來日本公演《椿姬》，我買了票，結果她卻沒有來，理由是她的孩子生病了。雖然遺憾，但我也只好看了別人上台代演的歌劇。還經常會有一些來自國外的職業棒球選手，會為了孩子而回國，不再續約。

說到以前的日本人，都是以工作起來沒有限制的男性為前提（**↓受限員工**）。他們無須去陪伴照護，有時連父母的最後一面都見不到，而當時的風潮也認為這是理所當然的事情。但是，今後再這樣就行不通了。愈來愈多的人會為了孩子、另一半、父母，而選擇請假或換工作。

墓友、墓寵、共享墓

據說有些人不和祖先或另一半葬在一起，而是會和朋友葬在一起，這種關係叫**墓友**。你可能會認為，他們原本是好朋友才葬在一起的吧，但其實未必都如此。據說也有很多人會選擇跟陌生人葬在一起。有時會有類似墓友導覽的活動，聚集在一起的人成了墓友，去世後就葬在一起。尋找墓友的人大半是沒結過婚或離婚的人，特別是女性。和陌生人像朋友一樣一起生活的地方，稱為共享住宅（Share House）；所以和墓友葬在一起的地方，應該稱為**共享墓**（Share Grave）吧（**↓共享**）。

近來，也有很多人在為自己死後留下的寵物怎麼辦而發愁。目前登記在冊的家犬數量約為六百六十萬隻，比日本五歲以下孩子的數量還要多。在老年人看來，街上小狗的數量比孫子還多。

雖然沒有統計過家貓的數量，但根據三菱綜合研究所對老年人的調查，養貓的人之中，女性多於男性，其中未婚、離婚或喪偶的女性又特別多。因此或許可以說，愈是經歷過波折的女性，就愈傾向養貓。因此她們會更加擔心，在自己死後小貓該怎麼辦。

今後，想將寵物和自己葬在同一座墓裡的需求或許會增加。事實上，在網路上搜尋一下就會發現很多人都想和寵物葬在一起。即使沒有葬在同一座墓裡，也有很多地方的墓園都設有寵物墓園。話說回來，今後或許還會出現擔心自己會先死，所以在死之前和寵物一起自殺的人。

幸子
小玉
黃豆粉

4

該如何改變城市和街區

共享城鎮

我在《第四消費時代》等書中關注過「共享」這個詞（**↓共享、第四消費**）。所謂第四消費社會，一言以蔽之，就是很少關心「私有」的社會。

所謂私有，就是給自己或為給自己的家庭專用的東西。如同私人住宅、私家車這些詞彙所象徵的一般，尤其是在日本泡沫經濟時代之前，人們曾經是以增加斯有物品做為目標和幸福感的來源都（**↓社區流動公車**）。

然而從二十一世紀開始，人們的價值觀發生了變化。愈來愈多的年輕人認為，不買房子，一輩子租房子也很好；與其一個人住公寓，倒不如和大家一起住共享住宅，這樣會更開心。

所謂共享住宅，就是一種與幾個陌生人同住一間屋子，共享廚房、浴室、廁所、客廳和洗衣機等的居住方式。從意義上而言相當於公司單身宿舍，不過單身宿舍都是同一間公司的人住在一起，會有束縛感。

相對地，共享住宅是各行各業的人住在一起，有著能獲得各式各樣訊息的好處。當然，這種方式具有享受交談之樂的社群性質，在防範犯罪方面也有積極意義。也就是能提升居家安全。

話說，今後的老年人會愈來愈多，未婚獨居的中年人口也會不斷增加。這種具有社群性質而且安全性高的居住方式，對他們來說有很多優點。

年輕男性不特別注重居家安全也無妨，但是當他們上了年紀，也會在意起安全性來。在上班的時候，人們隸屬於公司團體中，所以在住家周邊不需要形成社群團體，而是更想一個人獨處。但有愈來愈多的人會在退休後，想在自己的生活圈裡有個社群、結交朋友。

這樣一來，不想窩在自己家裡，而是想住在共享住宅的中老年人就會不斷增加。

另外，如果認為住共享住宅很麻煩，也可以將一些共享的要素導入生活中，我想有這樣想法的人應該也會增加。

哪怕只有一點點，大家都拿出自己認為可以共享的東西供彼此使用，由許多這樣的人形成的街區，我命名為「共享城鎮」（Share Town）。

一些人在星期天開放自家美麗的庭院（**社區花園**）；一些人開放已故祖父的書房，供人在那裡安靜讀書；還有一些人開放已故祖母的茶室供人用作茶道、花道，或短歌會的教室……如果在街上隨處可見這種部分式共享，想必是一件令人快樂的事情（**↓廣場與新公共事業**）。

共享街區

在東京台東區的谷中街區，有很多寺廟。最近，大家從谷中、根津、千馱木中分別取第一個字，將其合稱為「谷根千」，變成了一個十分受歡迎的觀光區。

在谷中，有一間寺廟經營的舊公寓，名為「萩莊」；之前由於破舊不堪，原本打算要拆除的。

但後來，有一位年輕建築師發起了一個活動：對其進行改造，並以此做為谷根千整個街區的據點，供大家使用。

這位建築師提出，首先由房東和自己一起出資改造萩莊，將二樓的一部分改建成自己的辦公室、可出租的辦公室和店鋪；將一樓改建成咖啡館、可出租的畫廊等，最終把它打造成了一棟名為「ＨＡＧＩＳＯ」的複合式設施。

當人們還在熱議這件事的時候，這位建築師又有了新動作，他將ＨＡＧＩＳＯ附近一棟同樣老舊的公寓翻新，改造成能供客人入住的旅館。雖說是旅館，但睡覺時旅客得在和式中鋪上棉被。

在HAGISO辦理入住手續後，再走個二三分鐘就可以入住旅館了。旅館向客人提供符合他們需求的街道和店鋪資訊。例如在谷根千留存的古老日式房屋中有什麼活動、哪裡有可以自己製作尺八來進行演奏的工作坊等等。在谷中一帶會舉行很多活動，旅館都會將這些消息介紹給客人。也就是說，這裡不僅提供住宿，還能鼓勵旅客去街上到處看看，讓他們切身感受一下街區乃至日本的魅力。

旅客可以在HAGISO附設的咖啡館裡享用早餐，晚餐則會推薦旅客去符合他們要求的地方。旅館裡沒有浴室，但旅客可以到附近的公共澡堂。外國旅客反而會更希望去公共澡堂，日本人自己也覺得這樣比旅館狹小的浴室更好。

並非把舊公寓拆掉重建，而是像這樣翻新改造，並將所有舊公寓連結在一起，形成一整條街區，以整個街區視為一間旅館，形成共享場所。

在大型的城市商旅中，既能解決早餐和晚餐，又有酒吧、游泳池、SPA、時裝店。但這種商旅飯店，並不適合建在像谷中這樣古老而有情調的街區。相反地，將分散在整個街區的美味店鋪、酒吧、雜貨鋪、小型美術館、畫廊和培訓教室等連結在一起，其娛樂功能就等同於一間大型飯店。

今後，從國外來日本旅遊的人會變得更多，也就會需要新的旅館。在這些來自國外的人當中，也有許多人想會看一看，或者體驗一下日本的日常生活及有生活感的街區。

這樣一來，像HAGISO這種嘗試，不僅在東京，也可以推廣到其他地區。

參考文獻

MONIC編著：《Tokyo Totem主觀的東京嚮導（暫譯）》，Flick Studio，二〇一五年。
豬熊純、成瀨友梨編著：《設計共享（暫譯）》，學藝出版社，二〇一三年。

留有遺跡的街區

有一次，一位屬於團塊世代的男性朋友告訴我，雖說都是出生在東京，但說自己出身在下町[1]感覺更帥氣。我也這麼認為。

在二十世紀八〇年代的日本泡沫經濟時代，一般人都認為品川區和湘南區的車牌號比練馬區和足立區的更好，電話號碼也是以四開頭的更好，因為四是澀谷區周邊的區號。區域也有品牌之差，人們認為山手區[2]或湘南區比下町更好。

這是因為進入明治時期後，西洋文化從橫濱開始傳入，導入這些西化生活方式的人們就住在山手，在湘南還擁有別墅。日本人整體在第三消費社會之前，都非常崇尚歐美，憧憬與歐美相近的生活方式。

但近年來，這種崇尚歐美的風氣已經減弱。稱為「**和志向**」、崇尚日本傳統的風氣愈來愈強烈（**↓第四消費**）。現在的人們愈來愈覺得保留傳統生活方式的下町更帥氣。時代感有這樣的變化：相較於不斷出現新事物的街道，下町與和服、浴衣、法被[3]、煙火和小巷裡牽牛花的盆栽相映成趣，更加魅力非凡。

不過，現實中盛行的都市計劃和都市更新，早在二十年前，或許早在七十年前就已經規劃好了。當時人們對都市更新的價值觀是，應該建造像美國一樣開闊的道路和像曼哈頓那樣的摩天大樓。結果，他們不是在重建街區，而是在毀掉街區。

世田谷的下北澤車站一帶，曾因錯綜複雜的小巷而顯得魅力十足；但由於戰後隨即重建成過去規劃的道路，而讓該處慢慢變成了空地。東急目黑線的武藏小山也是如此（**↓暗黑女**）。

這種再開發，代表要提高都市的防災性能、增加自治體的稅收。進一步來說，這代表房地產開發商和負責融資的銀行將會大賺一筆。但至於能否提高街區

❶ 相對於江戶城的公家、武家街區（山手），庶民聚居的工商業區域，在地勢上也較低。
❷ 相對於「下町」，在古代為幕府重臣居住的地區，近代則演變為上流階層居住的高級地段。
❸ 日本傳統和服短外套，多在祭典時穿著。

的魅力，我深表懷疑。國外旅客會欣然造訪滿是全新高樓大廈的城鎮嗎？沒有外國人會特地去西新宿觀光吧，他們更喜歡淺草、秋葉原、中野百老匯之類的傳統街區，或其他別具一格的街區。

翻建澡堂的時代

一九五一年，在東京二十三區有一千三百九十三家澡堂，伴隨著經濟的高速發展和人口的增長，到了一九六八年，倍增到兩千六百八十七家。

然而在那之後，隨著年輕人結婚後搬到郊區，東京年輕人口開始減少。再者，也有愈來愈多人住到了附設浴室的公寓裡。到二〇一三年，澡堂數量降到了六百四十五家，相當於極盛時期的四分之一左右。特別是在二〇一一年東日本大地震之後，建築受到破壞，有很多家澡堂也就此停業。

雖然也有大幅裝修或翻建澡堂的案例，例如日暮里車站前的齊藤澡堂即為翻建；但在原本就有很多澡堂的下町，卻鮮有翻建的情況。

但有意思的是，年輕一代也開始關心起澡堂來。這些成長於獨享時代的年輕人，開始感受到共享與社群的魅力。在此潮流下，這些家裡理所當然有浴室的年輕人，反而開始對澡堂感興趣。而且，有些年輕的建築系女大學生，要不就是

協助翻建澡堂，要不就是想以舊澡堂為核心重建街區。時代真是變了（**↓共享、第四消費、社區便利站、留有遺跡的街區**）。

澡堂和電影院、車站等場所一樣，是很多當地人會長時間使用的建設。澡堂就是一種地標，即使不去澡堂的人也會意識到它的存在。如果拆掉澡堂蓋成公寓，想必很多人都會感到遺憾。所以，愈來愈多人正在想方設法，希望能有效利用澡堂。

實際上，吉祥寺的澡堂裡

曾舉辦過搖滾音樂會，這種被稱為「風呂搖滾」的音樂活動持續過相當長一段時間。在京都，有些店則將舊澡堂改造成咖啡館，並大受歡迎。

據說，根據某個年輕女建築師的提案，齊藤澡堂將被改造成集休息室和換衣間於一體的大型活動空間。只要在該處舉辦活動，就能獲取除洗浴費用外的其他收益。

老人主題樂園——阿佐谷

我經常去阿佐谷的某間電影院看電影。它不是一個普通的電影院，而是一個擁有獨特主題、專門放映日本老電影（也有戰前的，但是大多是昭和三十年到四十五年的電影）的小型電影院。

觀察電影院的客層，看上去八十歲的人占兩成，七十多歲的占五成，六十多歲的占兩成，剩下的一成是二十多歲到五十多歲的人。其中二十多歲和三十多歲的人，要不就是電影迷，要不就是將來想當導演的有志青年。

電影院的附近有一條酒吧街。其中既有氣氛很好的澡堂，也有個人經營的咖啡館和舊書店。所以，看完電影後，還可以去舊書店買幾本書，帶到咖啡館邊喝咖啡邊看；或是可以在澡堂泡完澡，再去居酒屋小酌一杯。

據說，這裡以前有三間被稱為「阿佐谷三大美人居酒屋」的小店，都是由年輕女性經營，東西也很不錯。雖然其中有一間搬了家，但其餘兩間都還在。店裡總是客滿，有時候還預約不到。它就像東京的中央線，人們在這裡度過相當奢侈的休閒時光。

很久沒提到「老年行銷」這個詞了。阿佐谷街區雖然並沒有特別進行老年行銷，但卻成了老年人天堂，可說是一個像**老人主題樂園**般的存在。

在老年行銷中很重要的一點就是，不用消費也能消磨時光。老年人已經擁有很多東西了，甚至到了不得不斷捨離的程度（**↓從更好生活到個人最好生活、拾物時代**）。

而且不少老年人都有積蓄，衣食無憂，他們所需要的是花錢買物質以外的享受。雖然他們也可以花錢去旅遊，但這樣只有觀光地受益而已。像阿佐谷這樣的一般商店街，聚集了電影院、咖啡館、舊書店、澡堂和居酒屋，也可以是一種針對老年人的行銷對策（**↓留有遺跡的街區、翻建澡堂的時代**）。

廣場與新公共事業

最近，人們重新關注起廣場來。世界級建築師隈研吾和頂尖都市史研究者陣內秀信編纂過一本名為《廣場》的書籍，就是其體現之一。在我看來，不光是這本書，最近的年輕建築師，以及致力於建設街區的人們，都非常重視廣場。據說《廣場》這本書也是由年輕編輯所企劃的。

在具體的廣場建設方面，還有個引人注目的案例。

在佐賀縣佐賀市，中心市區的衰落長期以來都是一個令人很困擾的問題。蓋了房子也租不出去，許多商店經營慘澹，空空如也。不僅如此，有的商店甚至被拆掉，變成了停車場。

再這樣下去可不行，行政部門也在尋求新的解決之道，於是就把這件事委託給一位佐賀當地的建築師。他則將讓市民自己動手種植草坪，將那塊空地規劃成廣場。並在廣場上設置一些二手貨櫃，讓市民可以在裡面閱讀書本雜誌

（→ Rethink）。

這樣做之後，人們都開始聚集於此。孩子們在草坪上赤腳玩耍，廣場上還出現了小吃攤販。不用花太多的錢，就促進了中心市區的活性化。

那麼，為什麼現在的年輕人會關注廣場呢？背景在於，他們開始關心起了**新公共事業**。

所謂「新公共事業」指的是什麼它和「舊公共事業」有什麼不同？

簡單來說，「舊公共事業」的主體是行政部門，由公務員來考慮如何使用國民繳納的稅金，相當於國民用這些稅金購買了行政服務。

與之相反，「新公共事業」的主體是市民。市民自己打造自己需要的東西。因此出現了這樣一種契機：他們不只會盡全力充實自己的私人生活，還會為了公共事業而奔走。

這從舊公共事業的行政部門看來，也不失為一件好事。高齡化讓行政部門陷入財政困難。說實話，公共事業屬於人們想削減的項目。市民們總覺得行政工作既花錢又沒有效率，意義不大，並對此十分不滿。

於是社會上就出現了一種想法：不透過行政部門，而是透過市民自己或民間企業的力量，出錢去做能力所及的事情。市民們也希望如此。

市民親自打造各種公共事業，就能減少財政支出，所以行政部門會很開心；從市民的角度看來，這並非公務員般的死板工作，而是能夠滿足自我的事情，所以市民也很開心；至於民間企業，只要參與其中，就能更心甘情願地提供服務，所以他們也很開心。所以發展新公共事業對政府、市民、企業來說都有好處。

當然，新公共事業不只是建設廣場，社福、保育、圖書館等各個領域都值得期待。例如，將圖書館委託給民間企業營運的案例正在增加，下一步還可以鼓勵市民開放自己的書房做為圖書館的分館（**↓共享城鎮**）。這些書房囊括文學、建築、藝術等，各具特色，與普通的圖書館比起來，更有可能彰顯出個性化藏書的樂趣。

參考文獻

馬場正尊+Open A（編著）、木下齊等：《PUBLIC DESIGN 新公共空間的建造方式（暫譯）》，學藝出版社，二〇一五年。

分散型購物中心

最近的年輕建築師們似乎熱衷於打造攤車。建築師竟然去打造攤車，真是太奇怪了，但事實上就是如此。

日本已經有許多高樓大廈，年輕建築師們少有發揮空間，這當然也是背後的因素之一；另外，現在興建中的大樓基本上都是由大牌設計事務所設計，獨立經營的個人事務所就難以接到案子。

雖說如此，這些小型事務所應該也用不著去設計攤車吧？這其實也是時代的感性色彩所造成的現象。

最近的年輕建築師（不僅限於建築師）對單純建造建築和空間已經興趣全失，而是更加關心人們在建好的空間內如何活動、空間能引起人們什麼樣的活動。以稍微專業一點的方式來說，就是關心如何將「空間」（Space）變成「場所」（Place）。

所謂的「空間」，即使沒有人的存在也可以稱為空間，像是宇宙空間（Space）就沒有人的存在。但是「場所」如果沒有人，就不能稱之為場所了。空間如果跟人建立關連，就會變成場所（**↓自主參與性**）。去建造讓人不自覺地想參與其中，並將其轉換為自己容身之處的空間，是現今年輕建築師的共通想法。

這些建築師並不想進入大牌設計事務所，建造人工且注重效率的辦公室或大廈，而是想建造讓人更有活力的容身之所。或是說，想打造讓人能更享受彼此相遇的場所，也就是存在著因緣際會的場所（**↓拾物時代**）。從這層意義而言，攤車能藉由走遍大街小巷的方式，引起人們之間的對話交流，對年輕建築師而言很有魅力。

以前在各地都有很多攤車。雖然我沒親眼看過，但聽說在銀座也曾經有過很多攤車。但如今，街上大樓林立，商業設施也趨於大型化，郊區則是大型購物中心（Shopping Mall）蔚為主流。

但這樣就令人滿足了嗎？現在的年輕世代還有這樣一種感性的想法：希望

能有更多各種有個性的小店，星羅棋布地並排於城鎮之中。

我將這種小店與攤車並排販售零星小物、看起來令人愉快的情況命名為「分散型購物中心」（Chopping Mall）。（參照三浦展《人類的居所》（暫譯））

在日益蕭條的商店街，商店的東西賣不出去；但如果是在早市（農民市集）就能賣出去。就算賣的東西都一樣，但在早市上就是比較暢銷。我認為其中的原因就在於商店只是一個「空間」，而早市則是一個稱為「市場」的「場所」。人們對場所情有獨鍾。

在郊外住宅區的站前廣場搭建分散型購物中心也相對容易，它能讓郊區變得像市中心般熱鬧繁華。比起大型購物中心，居民們應該更喜歡這些分散型購物中心。

社群網路使城市分散化

在推廣一個地區的時候，透過臉書這樣的社群網路（日本簡稱ＳＮＳ，Social Networking Service）是十分有效的。在沒有社群網路的時代，我們會想著「今天有點時間，去澀谷逛逛吧」、「去原宿那家咖啡館的話，應該可以碰到朋友吧」，才願意出門逛街。這樣一來，人們必定會聚集到澀谷、原宿等這種市中心的人口密集區。

但現在，我們每天都會在社群網路上收到許多「某月某日有某項活動，歡迎參加」之類的推廣資訊，例如：建築師開放自己設計的房屋供人參觀的開放日、廚師舉辦的試吃會、關注健康的人一起做瑜伽和討論養生食譜的活動、音樂同好會等等，各式各樣的推廣資訊。這些活動的舉辦場所很少在市中心，反而會是在不曾去過的住宅區。

這種活動往往吸引許多人前來參加，約會有三十到五十人。假設明天在東京的二十三區有五千個這樣的活動，且每個活動平均有五十人參加，就會有二十五萬人各自分散在不同場所，享受著這些活動。

可以說，這些集會活動各自都是一種城市般的群體。在過去，人們總是聚集到市中心的鬧區去消費；但現在，社群網路可以在瞬間讓多個地點同時形成一個近似於城市的景象。

所以，無論在郊區還是地方，要想讓一條街道熱鬧起來，只需要以個人為單位，藉由社群網路建立一個能夠號召大家的活動內容就可以了。

而建立活動內容，並不是用跟過去（製作吉祥物一樣）一樣的方式就能完成，而是需要先從當地的資源切入，再結合個人的喜好及追求。

我有位之前碰巧認識的女性朋友，她在東京青梅市工商會議所工作，時常在臉書上發布各種活動資訊。我之前從來沒去過青梅市，但她臉書上的資訊令人感覺好像很有趣，所以我二〇一五年就去了兩次青梅。

青梅市的人口每年都在減少，但到那邊一看，會發現當地的自然和歷史資源都很豐富。藉由活動我才知道，青梅市的紡織工業歷史悠久，還曾是宿場町[4]，有無數人口居住於此。對自古長居此處的人來說，這些事情理所當然，他們並沒有將其視為一種資源；但是在外人眼中看來，卻是很有價值、很有意義的。青梅市是一座像美國波德鎮[5]（Boulder）一樣的城市（**↓郊區再生**）。

之後，我在二〇一五年還去了一趟千葉縣的松戶市。這也是因為我在臉書上發現，有個人經常提到他覺得松戶市是個有趣的地方；後來我和這個人在因緣際會下成了朋友，所以當時就立刻前去採訪。

雖然這樣說很失禮，但要不是有那個有趣的朋友在，我是絕對不會去松戶市的。不過，他那裡好像每天都有從其他城鎮過來考察的人。現在真的是一個只要在社群媒體上發布有趣的活動資訊，就能讓人群聚集過來的時代。

在這樣的時代，只要有兩三個人努力在當地舉辦活動，並將資訊發布出去，

❹「宿場」相當於古代的驛站，「宿場町」則是以宿場為中心形成的街町。

❺位於美國科羅拉多州，曾被選為全美最幸福城市、全美最宜居城市。

不管是怎樣的地方，都會有人從別處聚集過來，也就能將小地方變得像大城市一般熱鬧。雖說奧運會之類的大型活動也有這種吸引力，但在各地多舉辦一些這樣的小型活動，也才能夠提高東京乃至整個日本的魅力。

從臥城到臥病之城

有一天，我看到一則引人發噱的新聞報導。報導中說，郊區的新市鎮（New Town）對於上班族來說，只不過是一個洗澡睡覺的臥城（Bed Town，也叫衛星城市）。然而，這種新市鎮卻變成了**老人城**（Old Town），淨是一些終日躺在床上的老年人——曾經的上班族都退休了，愈來愈年長，整天臥床不起。

但這種事絕不能一笑而過。從最近的人口調查來看，距離市中心愈遠，人口愈少。這是因為，在郊區新市鎮出生長大的一代，會以結婚等事件為契機，搬到市中心附近去。市中心的高層公寓反而開始增加，年輕人和屬於團塊世代、目前已退休的富裕階層會從郊區流入此處。如此一來，郊區新市鎮就只剩下沒錢的年輕人和老年人了。

Z
Z
z...

今後，全日本的年輕世代人口會進一步減少，地方政府爭奪這少量年輕人的時代將會來臨（**↓年輕人是稀有金屬**）。要想在這個爭奪戰中獲勝，地方政府就有必充分支援年輕父母養育孩子，例如增加托兒所的數量等。雖然似乎也有某個地區因為嫌托兒所太吵，而反對興建托兒所，但這種地區應該只會衰敗吧。

當然，如果一個城鎮僅僅是支援父母養育孩子，那就太了無新意了，還必須進一步提高城鎮本身的魅力。我認為，有必要進一步推動郊區新市鎮的都市化建設。這指的不是增建高樓大廈或商業設施，而是要增加就業機會。推動都市化的流程應該是這樣：只要增加就業機會，就業人口就會增加，商店也會因此增加。另外，也有必要建設新的交通工具（**↓社區流動公車**）。

參考文獻

上野淳、松本真澄：《多摩新市鎮物語（暫譯）》，鹿島出版會，二〇一二年。

CCRC

CCRC是Continuing Care Retirement Community的縮寫，這個概念來自美國。直譯為「長期退休照顧社區」，但我搞不太懂它的意思。

在日本，大多數情況下，老年人通常是要到不良於行或臥床不起的情況，才會入住養老院。而且，這些設施是按照需照護程度進行分級的。

與此相對，CCRC則是讓老年人尚在健康狀態下就入住，年齡愈高，就愈需要照護；但這些老年人無須移轉到其他設施，可以在這裡接受照護、安度餘生。

根據三菱綜合研究所Platina社會研究會的調查，全美國約有兩千所CCRC，大約有七十萬人居住，市場規模高達三兆日圓左右。

另外，CCRC為了延長居住者的健康壽命，會分析與其健康狀況相關的大數據，縝密且有系統地制定預防性醫療、餐食、終身學習、輕勞動和社會參與等規劃。在沒有照護保險的美國，需照護程度愈高，經營者的成本就會愈高。這點與依賴照護保險的日本完全不同。

也有ＣＣＲＣ是與大學合作。這些「高年級學生」可以重返校園學習，並將學到的經驗活用在教學中，過著「**半學半教**」的生活。

據說，在麻省的拉塞爾村（Lasell Village），規定入住者每年必須在大學聽滿四百五十小時以上的課，結果反而大受歡迎（**↓男女老少共學**）。如此一來也能避免失智症。由於少子化的影響，日本的學生正在不斷減少，日本的大學也應該和ＣＣＲＣ進行合作。

在設有ＣＣＲＣ的地區，會產生大量的就業機會，也能緩解高中和大學畢業生向外流失。它會產生產業活動、就業和消費需求，所以地方政府也有望藉此增加稅收。

參考文獻

http://platinum.mri.co.jp/platinum-society/preface/index

衰落郊外住宅區中的隱形難民

現在的年輕人沒錢是眾所周知的事實，不過還有些人已經不年輕，也沒錢。許多人離開老家到外頭工作，但由於經濟不景氣、工作機會變少，有不少人又回到了老家。

下面就是一個實例：有位四十多歲的女性最後選擇回到老家，住在已故父母的公寓裡。聽說那裡曾是一間位於郊區的高級公寓，然而由於閒置多年，水管都已經在漏水了。但她也沒錢去修，就將自來水停掉，也停掉天然氣，只留下用電。據說，她平日都是到公寓的管理員室或超商上廁所，洗澡就去公共澡堂洗。

這樣過日子，真有點讓人不敢相信。她過去可是住在郊外的新興住宅區裡。然而，的確有很多年紀更大、靠著老人年金勉強度日的人。所以，這些人中或許還真有不少被停用電話和停掉電的人。

從外表看來，郊區的房子都蓋得很好，但卻正在發生這樣的衰敗。

郊區再生

現今，郊區呈現少子高齡化、人口減少的趨勢，可以說正在逐漸走向「過疏化」[6]。例如，春日部市的人口在平成二十五年十二月到平成二十六年十二月，一年間減少了一千兩百七十七人。類似的情況還出現在東京郊區的很多地方（參照三浦展《東京將從郊區開始消失！（暫譯）》）。

但是，我想將這種現象視為積極考慮郊區今後發展的契機。

說起來，我最近一直都在想，最好不要再使用「市中心」和「郊區」這兩個概念。如果使用這種概念，郊區就變成了從屬於市中心的地方，居住於此的人都是通勤到市中心上班，特別是男性，會只把這裡當作精疲力盡後回來睡覺的地方。

要正面看待被稱為郊區的區域，最好將這裡當作獨立的「地方」，才能讓自己意識到，它是獨立於市中心的存在。

實際上，自日本經濟高度成長期以來，以東京車站為中心、方圓四十～五十公里的區域，是因年輕勞動力遷往市中心而人口減少的區域。這裡原本就是地方的農村，只不過在二十世紀八〇年代變成了住宅用地，被當作郊區而已。然而如今，年輕人都湧向市中心一帶，這些地方人口也就減少，回到了當初的狀態。

正因為如此，這個區域就是獨立的「地方」，就是一個農村。我認為這樣想，反而能發現這個區域的固有資源，做為擁有獨特價值的區域重獲新生。

每個區域都要將自己那個區域當作獨立的存在，將自己視為世界的中心，就像一個「獨立都市」一般。

但變成獨立都市，並不是要蓋起高樓大廈或高級公寓，而是該藉由建造一個讓自由的人類感到快樂的場所來實現。

❻ 因人口急速大幅減少，而讓地區社會功能下降、住民難以維持一定生活水平。

為此，我們必須繼承、活用以往居住於該區域的人們的記憶，不應該破壞車站、電影院或學校等供人們聚集的場所。

而且，都市化也不是要破壞自然。恰恰相反，做為人類的容身之所，應該將其打造成一個都市和自然二者兼備的區域。

例如，在美國的科羅拉多州，有座很棒的小鎮叫波德鎮。這裡特意將以前的電影院和旅館做為文化遺產保留。人工挖掘的波德溪圍繞著小鎮，有一條自行車道沿著草木茂盛的小河而建。這裡成為繼承歷史、親近自然的所在。

因此，波德鎮也被稱為「**樂活**（在健康環境中的優質生活）聖地」，有許多前來徒步旅行的旅客。在日本則曾因馬拉松選手去那裡進行高地訓練，而廣為人知。日本也應該在各地建設這樣的小鎮。我認為，東京郊區的奧多摩、秩父和房總等地，也可以變得像波德鎮一樣。

探尋當地資源的有效方法之一，是去看看當地政府設立的鄉土博物館、鄉土資料館（參照三浦展《東京田園摩登（暫譯）》）。我以前寫過幾本關於東京的書，為此去找資料時，發現鄉土博物館有很多獨立完成的資料，而且都相當有趣。

我過去一直在研究郊區，如果將郊區視為新興住宅區，就會發現它的歷史很短暫，各區域都蓋了類似的住宅，如出一轍，且毫無個性。不過，當我前往首都圈某個郊外住宅區進行調查時，發現其周邊還保留著豐富的原始森林。

我很好奇這是為什麼。進行調查後得知，那裡在中世的時候是一座城池，曾被某個武士統治。但似乎在豐臣秀吉統一全國後，那裡就變成了一座廢城。沒錯，這個區域做為住宅區的歷史雖然短暫，但從更長遠的角度來看，就能發現其歷史價值。於是我想，如果好好利用這小小一段歷史，就能夠將其變成當地的資源。

例如，在東京都北區的鄉土資料館中，因為該區的赤羽有一塊很大的住宅區，便有這塊住宅區的相關研究資料。另外也有資料顯示，幕府末期的歐美人士非常喜愛自江戶時代以來以賞櫻勝地聞名的飛鳥山，這也十分有趣。

在葛飾區有很多地方工廠和公共澡堂，在當地的鄉土資料館裡，有與此相關的田野調查資料；在荒川區的鄉土資料館裡，有匯整戰前該區曲藝場[7]和電影院情況的資料。說到曲藝場，我原本以為淺草和神田比較多，當得知荒川區在戰前也有很多時，我嚇了一跳。

雖說這些區都在東京二十三區內，但從大正到昭和年間，甚至到戰後，其中部分區域卻還是郊區。這些郊區是一種兼具多重性質的存在，它們保留著做為農村的一面、地方工廠的一面、住宅區的一面。這一點十分有趣。

意外的是，我們竟然對自己居住的區域一點都不瞭解。特別是整天都待在公司的上班族，很少有機會去瞭解它。至於當地的歷史，一般人通常都不太瞭解。但如果想活化一個區域，就需要讓每個居民瞭解這個區域的歷史，並對它產生深切情感、以它為傲。

SUNABA好過SUTABA

來自美國的星巴克（Starbucks，日語讀音簡稱為ＳＵＴＡＢＡ）連鎖咖啡店，如今已經遍及全日本。儘管如此，就在不久前還是有些地方沒有星巴克，比如鳥取縣。

據鳥取縣知事說，鳥取縣雖然沒有星巴克（ＳＵＴＡＢＡ），但是有沙丘（ＳＵＮＡＢＡ），可謂是經典名言。鳥取縣沒有星巴克的原因之一，據說是這裡原本就有享用美味咖啡的文化。

在東京都二十三區之中，有些地方的星巴克就比較少。這是因為在星巴克的品牌戰略中，一開始就沒有在東京的東邊開店的打算。

但是，我提到這些地方的星巴克比較少，並不是想說明品牌戰略上的問題。

❼ 日語稱為「寄席」，為日本都市中欣賞落語、浪曲等藝能的場所。

中央線上的西荻窪和高圓寺就沒有星巴克，因為這些地方原本就有很不錯的咖啡館，還有幾家賣咖啡豆的專賣店。

二〇一五年，用精挑細選的咖啡豆一杯杯沖泡咖啡的咖啡店從美國進軍東京市場，蔚為一時話題，店前甚至排起長龍，被稱為「**第三波咖啡浪潮**」（Third Wave）。

但這種第三波浪潮的咖啡，原本就是學習日本咖啡館的產物。採購嚴選咖啡豆，在店裡烘培，接單後再磨豆、沖泡。以前日本大街小巷的咖啡館都是如此。美國人似乎是在知道這點後，很是欽佩這種在店裡就能輕易喝到美味咖啡的方式，才開始效仿。總之，最初的咖啡是第一波浪潮，量產時代之後的咖啡被稱為第二波浪潮，隨後一杯杯精心沖泡的咖啡則被稱為第三波浪潮。

我在西荻窪有間工作室，我會在那裡自己沖煮虹吸式咖啡飲用，所以在西荻窪如果不是味道非常好或氛圍非常好的咖啡館，我是不會去的。我在其他地方也完全不去星巴克，更沒有喝過第三波浪潮的咖啡。

現在早就已經不是自滿於擁有高樓大廈、賽事場館、大型購物中心和星巴克的時代了。今後，街上沒有星巴克，但擁有不同於星巴克、擁有獨特價值而聚集人群的地方，才更為重要。

愛上「地方」的年輕人

在提出「地方創生」等概念之前，愈是感受豐富的人，就愈會關注「地方」、搬到「地方」去住，也愈會致力於建構東京和「地方」的新型關係。人總是想要自己沒有的東西，我想是因為出生在大都市圈的現代年輕人沒有故鄉和老家的概念，所以才更想住到「地方」去。

民間所主導的「**翻新學校**」（Renovation School）最初也是從北九州開始的，而現在全國已經有幾十家了。

翻新學校指的是，讓來學校聽課的人擬定翻新計劃，並呈送給業主，使「地方」閒置的店鋪等不動產物盡其用。其機制是：主導的株式會社 Renova Ring 會在之後支援業主將其做為事業，使該區域產生新的商業活動。

我也曾為這種活動提供協助。曾邀請建築師隈研吾先生擔任審查委員長，於二〇一四年在福井縣福井市實施的「濱町社區設計大賽」就是其中之一（參照三浦展《人類的居所（暫譯）》）。

福井市被認為是全國最郊區化的縣政府所在地，這個活動帶動了福井的活化。之前有些人認為，要使用補助款建造一個大型建築物才能帶動福井，不過他們現在開始意識到，提供一個讓充滿幹勁的年輕人施展才華的場所，才能真正帶動福井。

要想促進地區活化，首先要充分瞭解當地、「發掘當地的歷史」，這一點很重要（**↓郊區再生**）。但令人想不到的是：我們根本不瞭解自己生活的城鎮，總輕易地認為那裡沒什麼有趣的東西。不過，如果我們換個視角來看，就會發現其實有許多可供利用的資源。

藉由瞭解歷史，可以喚起居民對土地的「**市民自豪感**」（英語：Civic Pride，對城市的自豪和愛戀），意識到自己是構成城市的一員。而且，也可以使不住在這片土地上的人對它產生敬意。這會產生一個良性循環，使大家願意將這片土地建設得更加美好。

我們要努力從各個視角重新審視一個區域，而不是把將其視為一般不動產。學習以不同視角發現一個城鎮的美好，例如：城鎮寶藏探索之旅、路上觀察之旅、探索暗渠（地下排水渠道）之旅等等，才是重要的。

例如，杉並區阿佐谷的房地產公司N9．5就不是馬上向來尋找房源的客人推銷房地產，而是先帶他們來一趟探索之旅，讓客人對該區域有初步了解。據說，這是為了讓他們能藉此想像，住在那個地區過的會是什麼樣的生活。

待在自己喜愛的地方、做自己能力所及的事情，是現在的年輕人推動「地方創生」的方式。

參考文獻
伊藤香織、紫牟田申子監修：《市民自豪感2（暫譯）》，宣傳會議，二〇一五年。
吉村生、高山英男：《暗渠愛好者！（暫譯）》，柏書房，二〇一五年。

四張半榻榻米新生活

移居到「地方」的年輕人，其共同期盼就是想要「**職住一體**」。戰後日本人的工作方式推行的是職住分離，將工作地點和住家分開。上班族當然是如此，就連在商店和工廠裡工作的人也是如此。過去他們會直接以自家住宅充當店鋪，住在裡面；而後則漸漸住到了遠離工作地的地方。

但是，過於區分工作地點和住宅，自然得面臨遠距離通勤的問題。愈來愈多年輕人雖然很感謝自己的父執輩努力工作買房子，但是自己卻討厭過這樣的生活。許多人追求的生活方式是透過網路遠端工作，只在必要的時候才去市中心，哪怕是住在「地方」，甚至是住在離島上。

另一方面，在市中心很流行非常狹小的出租公寓。狹小到只有2.1坪，相當於以前的四張半榻榻米大。裡面有廁所和浴室，但洗臉台和洗碗槽是共享的，有的房間的廁所甚至連個門都沒有。

在這樣狹小的房間裡能生活嗎？可以的。這是因為現在的年輕人家當很少（↓**簡約一族**）。沒有冰箱和電磁爐，都去超商。智慧型手機取代了電視和音響。房間裡只要有被子就可以了。所以2.1坪已經很夠用。

二十世紀七〇年代的學生大多是住在四張半榻榻米房間裡生活的。一般都是公用廁所，沒有浴室。但隨著後來生活愈來愈富裕，東西也愈來愈多，電視用真空管電視，很占空間；音響用組合式音響，所以很大一組，於是就搬到更大一點的房子裡去住了。

然而現在年輕人的很多生活需求，都能交給超商和智慧手機處理，不再需要別的物品，在狹小的房間裡反而更好。這就叫「四張半榻榻米新生活」。

住在這種房間的年輕人多半強烈希望縮短通勤時間，一下班就能回去早點睡覺。也就是希望「**職住相鄰**」。

但想像一下，或許還有這種可能性：平時過著離市中心工作地點近的「四張半榻榻米新生活」，週末到農村去過「**田園生活**」。還有各種享受自由生活的方式，例如去郊區的農村種田、到房總去衝浪，或低價租借一間農村舊民房，將其打造成自己的蒐藏室等等。

這樣想來，選擇「四張半榻榻米新生活」的人，比在偏遠的郊區買了房子，每天筋疲力盡地去上班的人要高明許多。

新鄰里關係

最近，鄰里關係好像又活躍起來。在我的工作地點杉並區，出現了以附近居民為中心，朋友、熟人帶著食物一起吃的活動。

其中之一就是N9．5（第196頁）實施的「彼此食堂」活動。該活動是在二〇一三年實施，用以推動商店街活化，包括將在商店街購買的食物帶到商店街內的廚房工作室（Kitchen Studio）去吃的「自帶飯菜食堂」；和使用在商店街裡購買的東西和當地人一起做飯吃的「彼此食堂」，一共實施過四次。即使該活動已經結束，依然有成員聚集而來繼續進行這個「彼此食堂」的活動（參照三浦展《在下流時代，也要做幸福老人》）。

在「彼此食堂」中，菜單基本上是確定的，但是沒有負責教學的人，也沒有食譜說明。目的就只是「大家一起享用美味佳餚」。因此，參加者必須一邊交流、一邊烹調。如果將整個街區比喻為一間巨大的共享住宅，那麼「彼此食堂」的定位就是一間**共享廚房**（Common Kitchen）、**共同生活區域**（Community Living）（**→共享街區**）。

這裡不只是同一家人來參加，而是有各式各樣的人會前來。哪怕是味噌湯的調味、擺盤的方式，由於成長環境和出生地不同，每個人的喜好也有千差萬別。大家彼此享受著其中的差異和交流。形形色色的參加者包括生活在商店街附近的人，以及特地從很遠的地方來參加的人。只要提前申請，無論孩子還是大人，都可以參加。

像東京這樣的大城市，也出現了高齡化的趨勢，獨居的老年人愈來愈多。一個人吃飯太過冷清，只做一人份的料理也很麻煩。這樣一來，大家聚在一起吃既開心，又能帶來幹勁，小菜的種類也能增加，讓營養更均衡。

另外，在杉並區原本就有很多獨自生活的年輕世代，再加上最近愈來愈多女性在結婚生子後又重回職場，所以很多人都沒時間做飯。另外，單靠父母，特別是單靠母親來養育孩子，也帶來很大壓力。如果讓這些人也和當地人一起吃飯，那麼既可以消除壓力，也能緩解孤獨感，還可以吃上各種各樣的菜肴，攝取更均衡的營養。

對孩子而言，如果能和當地的大人更加熟悉，也能夠提升他們的安全。藉由認識不同的大人，也能期待培養出孩子的社會化意識來。人們還出現了這樣的價值觀變化：不想自己孤獨生活，不想只在一個家庭裡關起門來生活，而是希望有更多地方能為自己和家庭打開大門。

參考文獻

MONIC編著：《Tokyo Totem 主觀的東京嚮導（暫譯）》，Flick Studio，二〇一五年。

將商店街變成共享街

商店街的關門歇業已然成為一大難題，並且已經持續了很久。

在「活化商店街」和「活化市區中心」的名義下，政府採取了很多施政措施，如整建人行道、清理騎樓走道、舉辦活動等等。但是，卻不曾聽聞商店街會因此而恢復人氣、客流量增加。

「商店街」這個名稱原本就挺奇怪的。我認為，既然叫商店街，就要有商店和買賣。那麼，所謂的活化商店街，意思應該就是增加商店內商品的銷售業績。

然而，從消費者的立場看來，到郊區的大型購物中心購物似乎更方便，品項更豐富，也有最新的商品，所以他們也不會回流到商店街。另外，今後網購還會進一步發展，不久之後就會由無人機將商品直接空運過來了吧。

這樣一來，就愈來愈不需要只是擺出東西來賣的商店了。很明顯地，也不再需要有著成排商店的商店街了。

我對商店街上的店主們沒有什麼特別感情。但因為從小時候到高中，我常常走到商店街上，進到某家書店和唱片店，一待就是大半天。基於這份記憶，我並不認為就此廢棄掉商店街就是好事，我之前還寫過《商店街再生計劃（暫譯）》之類的書。

但是，我在這裡說的「再生」，並不是要將商店街的一排排商店推倒重建。這些街道好不容易才擁有自己的歷史，還充滿市民的回憶，銀行和郵局等公共機關也很齊全，就此衰退下去實在太可惜了。所以我認為，應該將商店街改造一下，以便符合今後時代的需要。

總之，有著一排排商店的商店街已經過時了。不過，我們還是可以把當今時代的需求導入商店街之中。

例如，如果托兒所不夠，就可以在商店街上建造托兒所；如果公園和體育設施不足，可以將商店街上的空地改造成公園、小型足球場，或者遛狗區域等。建設一個讓人們聚集的場所很重要，這樣一來，有的人會買飲料、孩子們會買點心，也會有家庭聚到這裡用餐，人們的購物消費也會因此增加。

我在剛才提到的《商店街再生計劃》這本書中，曾寫過我的一個建議：如果郊區的大學因為少子化招不到學生，中心市區的商店街又有很多閒置的店鋪，那麼利用負負得正的思考方式，我們完全可以將大學課堂挪到閒置的店鋪裡。

聽說讀了該書的店主打電話向編輯部發火道：「別開玩笑了！」但我並不是開玩笑，反而認為靠賣東西就能讓店鋪永存經營的人才更好笑。這樣的人淨是想著提高自己商店的銷售業績，並不是想著如何真正地活化商店街。

實際上，我在書中提到過很多次，位於北九州市和東京豐島區的「家守舍」做的正是這方面的努力。在商店街之中導入符合現今時代需求的事物，如：設立大學研究室、開設托兒機構、設置共享辦公室和旅館、開設真正美味的餐飲店等，活化那條商店街。

換言之，就是大學和商店街共享、托兒所和商店街共享、辦公室和商店街共享，將商店街變成**共享街**。重要的是，這裡不再是商店，而是一條街。

位於西武池袋線椎名町車站附近的「SHEENA AND IPPEI」，是由一家名為「一平」的炸豬排店「**翻新**」而成，炸豬排店本身變成了咖啡館，二樓則是旅館。在咖啡館可攜帶外食，附近有很多家好吃的熟食店，附近的人都會帶著熟食到這家咖啡館吃。另外，店裡還放著縫紉機，家裡沒有縫紉機的人，只要有需要就可以過來使用。

位於東急目黑線武藏小山車站附近的「食堂公寓」雖是一棟新建築，但一樓是餐飲店，二樓和三樓是出租住宅，地下室則是共享辦公室。也有人將出租住宅當作自家兼辦公室使用。房東是想打造出一間不僅能夠增加住戶，還能增加白天在這裡工作的人的公寓。只要藉此來增加在武藏小山吃午餐、下班後吃晚餐的人，就能帶動地方繁榮、建立新的人際關係和社群，這種改變真是值得期待。

雖然並非商店街，但之前曾介紹的**SHARE金澤**（第121頁、第132頁）也將殘障人士用的小型足球場開放給附近的國小上體育課。

要想有效利用商店街這個城市資產，就別把增加商店的銷售業績做為思考的第一要務，而是要去尋找方法來將這條街改造成符合現代人需求的場所。屆時，它也極有可能和**社區便利站**（第208頁）或**社區流動公車**（第216頁）聯動。

參考文獻
嶋田洋平：《自己創造想要的生活：建造我們的翻新街區（暫譯）》，日經BP社，二〇一五年。

社區便利站

如果讓全國無處不在的超商和區域更加緊密結合，力求促進當地居民之間的交流，轉變為對建立社群有貢獻的型態，會怎麼樣呢？——這是我在創造「社區便利站」這個詞時的提議（參考三浦展《東京將從郊區開始消失！（暫譯）》）。

我們要打造的不是千篇一律的超商（Convenience Store）消費空間，而應該是滿足每個地區特定需求的社區便利站（Community-convenience Place）。

社區便利站應設於住宅區或一般商店街，方便老年人利用，而非設於車站前或鬧區。特別是要建造出一個居民在閒暇時可以輕鬆聚會的場所，並能讓民眾前來購物。不僅如此，它還會在不知不覺成為大家喜歡待著的地方。如果能再加上一個小型公園，放上幾張椅子就更好了；如果有桌子，大家還可以自己帶東西來吃。

另外，社區便利站不僅有購物功能，還必須成為提供服務的場所。有人可能會說，以前在超商，不是提供過受理快遞和送洗、代繳稅金和水電費、影印傳真、取票等各種服務嗎？

但是，這些服務基本上都是消費者的個人行為，只會和店員產生業務性質的關連，與在自動販賣機購買東西幾乎沒差別。社區便利站的服務則更加注重享受人與人之間的交流。

因此，在社區便利站同時設有簡易的餐飲場所。如前所述，它等同於單身人士能夠隨意前往的區域性餐飲店或者簡餐店，晚上還可以喝點酒，這對總是單獨吃飯的人來說更加方便。如果這些飲食店能由市民自行經營，將它變成社區咖啡廳就更好了。附近的居民可以輪流過來做飯，大家聚在一起用餐。晚上還可以變成居民的**社區酒吧**，在市中心要花兩千五百日圓的蘇格蘭威士忌，在這裡只要五百日圓就能喝到，這很開心吧。

然後還要有便利屋。超商（便利商店）原本就是便利屋的意思，我所說的不僅是商品便利屋，還要是服務便利屋，服務才是最需要的。人上了年紀，換個燈泡、打掃家裡都要花很大的力氣，更別說是搬重物、改變家具陳設了，根本做不來。如果能將包括家事勞動在內的日常生活所有需求，隨時委託給社區便利站裡的便利屋，那就太方便了。

另外，如果在社區便利站同時設置提供按摩服務的場所，或是能請人幫忙線上預約掛號，那就更好了。理髮店、美容院等也可以前來助陣。除了設置文化教室，還可以開設瑜伽教室，幫助居民提升身心靈。

我所認為的社區便利站，在學術上基本接近於**社區生活空間**這個說法。就像在家裡有個客廳，家人會在這裡一起喝喝茶、說說話、打打牌、看看電視一樣，社區便利站就是在社區為居民創造一個能聚在一起喝茶聊天的場所。

不僅要建立消費場所，還要建立出一個具備生活場所意義的起居空間、一個既能工作又能學習的工作坊，也就是創造出「人類的容身之所」（參照三浦展《人類的居所（暫譯）》）。

這樣的社區便利站可以當作各大企業開展新業務的據點，將超商、便利屋、外賣、外食、家電、居家、清洗、家庭用品、家事服務、健康等相關各行各業導入其中。當然，也可以是非營利組織或市民經營的社區產業。

這樣一來，社區便利站不僅能買東西，更可以成為獲得生活所需最低限度服務的據點，是居民聚在一起放鬆的場所，也是社區的中心。社區的生活品質也能藉此獲得提升（**↓新鄰里關係**）。

近年來，也很盛行兒童食堂之類的活動。最初由民間主導，是為貧困家庭和孤兒提供一個能享用飯菜、安心待著的地方；最近這樣的食堂正在增加，且對象也不再限定為貧困家庭。

社區便利站的建築，最好能以住宅和商店翻建而成。特別是在住宅區，如果是蓋成像一般的超商那樣，在景觀上並不好看。最理想的做法，就是租借或買下閒置房屋或閒置店鋪。另外，要是將拆除住宅和商店後的空地用來當作小公園、市民菜園和遛狗區域之類的場所就更好了（**↓共享街**）。

現在大企業也開始建造這種社區便利站。

例如，松下集團旗下的 Eco Solutions 公司，從二〇一五年就啟動了「專業居家」的業務，以此解決居家相關的各種問題。例如幫助解決生活中的小麻煩，像是「水龍頭漏水」、「排水管有臭味」、「插座不夠」、「想在室內晾衣服」、「想要一個小書架」、「門關不緊」、「門窗滑輪壞了」、「門窗結露」等等。

二〇一五年度，該公司在東京都和神奈川縣共設了六個站點，預計到二〇一八年會達到一百九十個站點。

「專業居家」獲得過松下公司每年為公司內部優秀新商業創意頒發的「Wonder 獎」。我也是這個獎的評審之一，「專業居家」確實受到了評審們的壓倒性支持。

另外，朝日新聞社在二〇一六年四月，與承包公寓和大廈管理業務的新創企業 Axis Motion 股份公司在業務和資金上展開合作，由負責銷售報紙的朝日新聞ＡＳＡ（Service Anchor）起頭，啟動了公寓和大廈管理支援業務。人員在派送報紙之餘，可順便檢查公寓大廈中的空房和公共空間，並使用 Axis Motion 開發的智慧手機ＡＰＰ呈報系統「ＰＭ小助手」向房地產管理公司回報，或進行簡單的打掃等。

我在書中寫到社區便利站這個想法後，東京的一家報紙經銷商來向我諮詢。他們想把報紙銷售點改造成社區便利站。

報紙銷售點掌握了一個區域內許多家庭的人名和地點，甚至還可以根據具體情況辨識當地居民的相貌。因為擁有這些經營資源，所以我告訴他們這和社區便利站的要求完全吻合，建議他們一定要堅持做下去。我也在報紙夾頁廣告商的演講中建議他們也這樣做。這些最後都實現了。

此外，和報紙銷售點相同，快遞公司也會知道某區域內許多家庭的人名和地點，甚至是當地居民的相貌等，所以也特別做成社區便利站。黑貓宅急便的雅瑪多控股公司和都市再生機構、多摩市合作，在多摩新城的兩個住宅區設立生活支援服務據點「黑貓支援」，開始提供居民代買和家事支援服務。

代買服務指的是「黑貓支援」會透過電話和網站接收商品訂單，匯集訂單後向附近的「Coop Mirai」消費合作社（日：生活協同組合）購買，再宅配到各個居民家中。每件商品的手續費是二十日圓。吸地板、洗碗、換燈泡等家事支援服務每次一千五百日圓，可同時承攬一兩種工作。

就像這樣，民營企業也在開展社區便利站之類的新業務。今後還會有更多的企業加入，社區便利站會進一步增加。

補充

超商的確啟動了社區便利站相關業務。知名超商企業7-Eleven、全家（Family Mart）和羅森（LAWSON）已經決定要將都市再生機構管理的住宅區閒置店鋪改造成分店。

據說，在都市再生機構的全國一千六百六十四個住宅區（七十四萬戶）中，老年人約占四成，每年約有兩百位居民孤獨終老。所以，都市再生機構正在以首都圈和近畿圈為中心的住宅區招商，希望超商企業進駐閒置店鋪。今後據說預計會在全國設立約一百個站點。

除了增加小包裝配菜等老年人喜好的食品和日用品外，超商還承接代買、家事打掃、修理等業務。有些店鋪企劃了廣播體操等促進居民交流的活動；有些店鋪將店內的閒置空間開放，供居民聚會；還有些店鋪在住宅區管理員不在的週末或夜間，讓店員擔任起緊急聯絡窗口。這確實成了「便利屋」呢。

（朝日新聞網，二〇一六年七月五日）

社區流動公車

為社區服務，並使社區居民之間自然而然產生交流的交通工具，就是社區流動公車。這是我在本書中首度提出的概念，指的是什麼呢？

我們將第四消費略圖應用到汽車等交通工具中來看，就如同私家車這個詞彙的存在，汽車曾經和住宅一樣，都是個人專用的最大私有財產之一。

但是現在，有愈來愈多年輕人已經不需要汽車，他們被稱為「**無車一族**」。汽車價格高昂，還得花錢保養；對於薪水較低，今後也不太可能大幅調薪的年輕人而言，買私家車一開始就不在他們的考慮範圍之內。

會去考駕照的年輕人也愈來愈少。就算考到駕照也不買車，或是不怎麼開車，只會在有必要的時候租車、向朋友借車，又或是使用共享汽車。也有在買了公寓後實現汽車共享的案例。因為現在是一個買車和買房難以兼得的時代。

那麼，今後租車和汽車共享的情況會一味增加嗎？我想是的，但光是這樣還不夠。首要原因在於老年人。

年過七十五歲而被收回駕照的人不斷增加。被收回駕照後，就不能租用和駕駛共享汽車了。如果改成搭乘電車、公車和計程車，在東京和大阪還好；但如果是在更鄉下的地方，電車和公車都不方便，因為班次太少了。計程車則是太花錢。

這樣要如何是好呢？一個解決方案就是社區公車（Community Bus）。東京武藏野市的 Mu-bus（Move Bus）即是全國首創，讓小巴在公車路線未經過的住宅區穿梭。這些住宅區住了許多無法開車的老年人，這對他們來說相當方便。車資也只要一百日圓，非常便宜。

但只要有這些就夠了嗎？社區公車總是只走固定路線、只停靠固定站點，對於不良於行的老年人來說還是不夠方便。而且，公車站沒有屋頂，下雨的日子就更麻煩了。然而搭計程車又太花錢，所以如果有能開到家門口的公車，那就最好了。

我說的不是那種不特定人搭乘、不知道何時才會到的公車，而是只要有特定人數預約之後，就能開到家門口接送的公車，而且還能方便輪椅和嬰兒車搭乘。如果能有至少能坐七個人的迷你小巴當作社區流動公車，就會相當方便。

例如，將某條街上使用社區流動公車的會員集中起來，會員僅限於每個月最少搭乘社區流動公車往返十次的人。如果有一百個這樣的會員，就能確保至少有一千次的往返次數。雖然單次的往返費用會比社區巴士貴，但是如果每次能比計程車便宜五百日圓，那麼一千次就能比計程車便宜五十萬日圓。這樣就能保證最低人力成本和其他開支。我是這麼想的。

這種社區流動公車如果只是開到預約的會員家門口，讓住在附近的人一起乘坐，就太可惜了。還要停靠主要醫院、托兒所、幼稚園和商業設施等站點。如此一來，說不定還能獲得來自商業設施的運營資金。

社區流動公車如果運行順利，就能夠進一步發展。像是以特定的停靠點為中心，建立社區流動公車車站。這些地方不只是用來方便上下車，而是要打造成人與人能交流的場所。可以建設一個有咖啡館、長椅、小公園、草坪和噴泉的場所，還可以好好利用附近的商業設施、圖書館和社區活動中心等公共設施前的廣場或公園，也就是說，藉由搭乘社區流動公車，能建立起一個促進居民交流的場所。

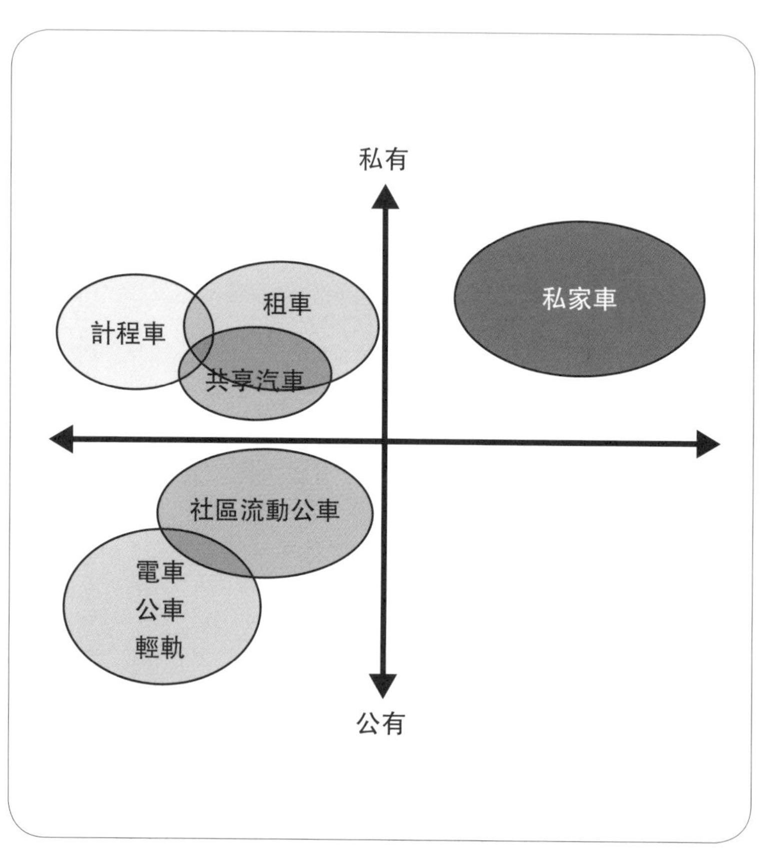

從「公有 - 私有」、「使用 - 擁有」
看各種交通工具的定位

人們可以步行、騎自行車、開車聚集至此，開車來的人在這裡換騎自行車或步行上街。另外，如果能設計出讓輪椅使用者人直接搭乘的殘障巴士，那麼坐輪椅、電動代步車的老年人和殘障人士也會聚集到這裡，抵達商業設施後依然可以坐著輪椅購物。

埼玉縣的越谷有一家大型購物中心。顧客步行的通道寬達十公尺，天花板也高達四公尺。為什麼這麼大呢？我想大概是要供車輛直接行駛。美國機場就有很多供殘障人士乘坐的電動汽車。

相信不久後的將來，殘障人士和老年人也能夠搭乘社區流動公車到購物中心購物。進一步來說，讓社區流動公車從購物中心附近的住宅區直接開進購物中心，也是可以實現的。

要輪椅使用者開車到購物中心的停車場，再換乘購物中心內部的車輛很麻煩。還是從家裡搭乘社區流動公車，直接進到購物中心買東西更方便。

另外，幾個鄰居一起搭乘社區流動公車的話，就可能發生這樣的事：三浦先生要去買燈泡，鈴木先生要去買手錶，佐藤要去買襯衫。於是，三浦先生也有可能會說，「那我也看看手錶，買件衣服吧」。也就是說，人們在社區流動公車上會產生交流，並能獲得刺激、增加快樂感，當然也就能促進消費。

如上所述，社區流動公車是一個能使居民在社區中更方便、快樂、舒適地生活，並促進居民間的交流，形成社群的交通系統。

極簡新世代：
從「自我擴張」到「自我肯定」的日本消費、社會與城市新趨勢
每日同じ服を着るのがおしゃれな時代

作　　者　三浦展
譯　　者　陶小軍、張永亮
執行編輯　顏妤安
行銷企劃　高芸珮
封面設計　江孟達
版面構成　呂明蓁
發 行 人　王榮文
出版發行　遠流出版事業股份有限公司
地　　址　臺北市南昌路 2 段 81 號 6 樓
客服電話　02-2392-6899
傳　　真　02-2392-6658
郵　　撥　0189456-1
著作權顧問　蕭雄淋律師
2019 年 10 月 31 日 初版一刷
定價 新台幣 280 元（如有缺頁或破損，請寄回更換）

ISBN　978-957-32-8653-0
遠流博識網　http://www.ylib.com
E-mail: ylib@ylib.com

圖書館出版品預行編目 (CIP) 資料

極簡新世代：從「自我擴張」到「自我肯定」的日本消費、社會與城市新趨勢 / 三浦展著；陶小軍，張永亮譯 . -- 初版 . -- 臺北市：遠流，2019.10
面；　公分
譯自：每日同じ服を着るのがおしゃれな時代：今を読み解くキーワード集
ISBN　978-957-32-8653-0(平裝)

1. 社會　2. 日本

540.931　　108015065